Dr. Paul A. Gartmaier, Marianne Seelos, Manfred Schupp, Helmut Stein

Vorbereitung auf die Zwischenprüfung

Arzthelferin

408 programmierte Übungsaufgaben
60 Aufgaben im Prüfungsübungssatz

11. Auflage

Bestellnummer 81112

Bildungsverlag EINS – Gehlen

www.bildungsverlag1.de

Gehlen, Kieser und Stam sind unter dem Dach des Bildungsverlags EINS zusammengeführt.

Bildungsverlag EINS
Sieglarer Straße 2, 53842 Troisdorf

ISBN 3-441-**81112**-7

Vorwort

Diese Neuauflage bietet Ihnen den Wissensstoff, den Sie gemäß den Prüfungsanforderungen speziell für die schriftliche Zwischenprüfung im Ausbildungsberuf „Arzthelferin" benötigen.

Da immer mehr Ärztekammern dazu übergehen, die schriftlichen Prüfungen für Arzthelferinnen in programmierter Form durchzuführen, werden auch diese 468 Übungsaufgaben durchgängig in dieser Form gestellt.

Die Aufgabensammlung bietet daher eine doppelte Hilfe: Werden die Übungsaufgaben gründlich durchgearbeitet, haben Sie einerseits praktisch den gesamten Prüfungsstoff wiederholt und sind darüber hinaus bestens auf die Situation in einer programmierten Prüfung vorbereitet. Zusätzlich können Sie sich noch durch einen Prüfungs-übungssatz am Ende der Broschüre mit der Technik des Prüfverfahrens vertraut machen.

Die Aufgaben stellen einen repräsentativen Querschnitt durch die relevanten Stoffgebiete dar und wurden von Lehrkräften und Ärzten sorgfältig ausgewählt. Seit Inkrafttreten der Arzthelferinnen-Ausbildungsverordnung für die dreijährige Ausbildung ist der Prüfungsstoff für die durch die Ärztekammern durchzuführenden Prüfungen bundes-einheitlich festgelegt. Da es bei der zeitlichen Aufteilung des Stoffes im schulischen Lehrplan der Bundesländer Unterschiede gibt, können einzelne, im Übungsband angeführte Kapitel bei der Zwischenprüfung der betreffenden Landesärztekammer fehlen. Es wird keine Schwierigkeiten machen, diese Kapitel wegzulassen, mit Sicherheit empfiehlt sich ihre Bearbeitung jedoch als Vorbereitung für die Abschlussprüfung.

Der **Prüfungsübungssatz** mit seinen 60 zusätzlichen Aufgaben vermittelt einen Eindruck vom Verlauf der Prüfung. Mit diesem können Sie schon vor der Prüfung den „Ernstfall" proben!

Neben dem Lösungsblatt, das eine Auflistung der Lösungen zu den programmierten Aufgaben enthält, werden im Rechnen **Lösungshilfen** angeboten, sodass Sie nachvollziehen können, wie man zu dem Ergebnis im Lösungs-blatt kommt. Diese Hinweise zu den Lösungswegen sollen vor allem bei der häuslichen Vorbereitungsarbeit eine Hilfe sein.

Ein ausführliches **Stichwortverzeichnis** ermöglicht ein schnelles Auffinden der Aufgaben zu einzelnen Themen. Die Broschüre ist dadurch bei der Prüfungsvorbereitung auch als Nachschlagewerk verwendbar.

Wir wünschen Ihnen viel Erfolg bei Ihrer Vorbereitung und dann natürlich bei Ihrer Prüfung!

Inhaltsverzeichnis

Musteraufgaben

Welche Funktion hat die Augenlinse?

1. Sie schützt den Glaskörper
2. Sie versorgt die Netzhaut
3. Sie sammelt die einfallenden Lichtstrahlen
4. Sie zerstreut die durchfallenden Lichtstrahlen
5. Sie schützt die Netzhaut gegen Blendung
6. Sie verleiht dem Auge seine Farbe

Welche Ziffer der Abbildung bezeichnet den Dornfortsatz?

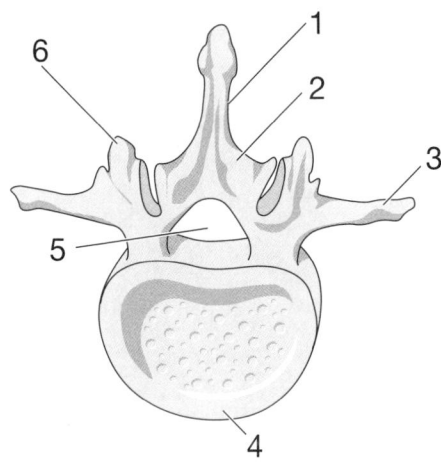

Ordnen Sie richtig zu, indem Sie die Kennziffern der zutreffenden Diagnosen in die Kästchen bei den entsprechenden deutschen Krankheitsbezeichnungen eintragen!

1. Adnexitis
2. Kolpitis
3. Amenorrhoe
4. Mastitis
5. Sinusitis
6. Dysmenorrhoe
7. Myom

Krankheitsbezeichnungen

Ausbleiben der Regelblutung	3
Entzündung der Brustdrüse	4
Tumor der Gebärmuttermuskulatur	7
Scheidenentzündung	2

Die Helferin kürzt gemäß den vereinbarten Zahlungsbedingungen den Rechnungsbetrag einer Lieferfirma um 2 1/2 % Skonto, was einem Betrag von 50,00 EUR entspricht.

Über welchen Betrag lautete die um den Skontobetrag gekürzte Rechnung?

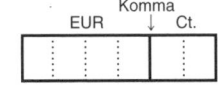

Sie nehmen die Eingangspost in Empfang.
Welches ist die richtige Reihenfolge der erforderlichen Arbeitsvorgänge?

1. Öffnen der Umschläge – Leerkontrolle – Stempeln – Entnahme des Inhalts – Verteilen
2. Öffnen der Umschläge – Entnahme des Inhalts – Leerkontrolle – Stempeln – Verteilen
3. Öffnen der Umschläge – Stempeln – Verteilen – Entnahme des Inhalts – Leerkontrolle
4. Stempeln – Verteilen – Öffnen der Umschläge – Entnahme des Inhalts – Leerkontrolle

1 Fachkundlicher Teil

1.1 Gesundheitswesen

1. Aufgabe

Welche der aufgeführten Maßnahmen gehört nicht zum Aufgabenbereich des Gesundheitsamtes?

1. Bekämpfung übertragbarer Krankheiten
2. Überwachung von Dauerausscheidern
3. Ausstellung amtsärztlicher Zeugnisse und Erstattung von Gutachten
4. Überwachung der in Lebensmittelbetrieben Tätigen
5. Überwachung der Unfallverhütungsvorschriften in gewerblichen Betrieben

2. Aufgabe

Die medizinische Versorgung der Bevölkerung erfolgt in unterschiedlichen Bereichen des Gesundheitswesens. Ordnen Sie dem Bereich „Ambulante medizinische Versorgung" eine der folgenden Aussagen zu!

1. Erbringung der Leistungen durch niedergelassene Ärzte
2. Erbringung der Leistungen ausschließlich durch Kassenärzte
3. Keine Therapie
4. Ärztliche und pflegerische Versorgung der Patienten
5. Durchführung von Reihenuntersuchungen

3. Aufgabe

Welche der folgenden Aufgaben gehört nicht in den Bereich der Ärztekammern?

1. Regelung der ärztlichen Berufspflichten
2. Förderung der Weiterbildung für Ärzte
3. Erstellung eines Bedarfsplanes für die kassenärztliche Versorgung
4. Einrichtung und Unterhaltung einer Altersversorgung für Ärzte
5. Sicherstellung der Ausbildung der Arzthelferinnen
6. Erlass einer Berufsordnung für Ärzte

4. Aufgabe

Welche Aufgabe fällt nicht in den Zuständigkeitsbereich der KV?

1. Abschluss von Verträgen mit den gesetzlichen Krankenkassen
2. Abschluss von Verträgen mit sonstigen Kostenträgern
3. Ermittlung der Honorare der Kassenärzte
4. Kassenärztliche Bedarfsplanung
5. Kassenärztliche Zulassungen
6. Überwachung der Ausbildung der Arzthelferinnen

5. Aufgabe

Was bedeutet der Begriff „Approbation"?

1. Anfertigung einer Doktorarbeit
2. Recht der Zulassung zu RVO-Kassen
3. Recht zur Ausübung der ärztlichen Heilkunst
4. Zulassung zum Medizinstudium
5. Facharztbezeichnung

6. Aufgabe

Welche Aussagen treffen auf die medizinische Promotion zu?

1. Sie ist die Voraussetzung für die Ausübung des Arztberufes
2. Sie führt zu dem Titel „Dr. med."
3. Sie wird auf Antrag von der Ärztekammer erteilt
4. Im Anschluss an das Studium wird sie durch eine mündliche Prüfung erworben
5. Eine schriftliche Arbeit und eine mündliche Prüfung sind erforderlich

7. Aufgabe

Welche der aufgeführten Bezeichnungen sind Schwerpunktbezeichnungen und dürfen nur zusammen mit einer festgelegten Gebietsbezeichnung geführt werden?

1. Pathologie
2. Unfallchirurgie
3. Rheumatologie
4. Urologie
5. Radiologie
6. Orthopädie

8. Aufgabe

Für welchen der angeführten Berufe im Gesundheitswesen gibt es keine gesetzlich festgelegte Ausbildungsordnung?

1. Krankengymnastin
2. Masseur
3. Medizinisch-technische Laborassistentin
4. Hebamme
5. Heilpraktiker
6. Krankenschwester

9. Aufgabe

Welche Organisation ist für die Sicherstellung der kassenärztlichen und vertragsärztlichen Versorgung verantwortlich?

1. Land
2. Bund
3. Kassenärztliche Vereinigung
4. Ärztekammer
5. Gewerkschaft
6. Krankenkasse

1.2 Patientenbetreuung

10. Aufgabe

Was zählt nicht zur Mimik?

1. Lächeln
2. Nase rümpfen
3. offener Mund
4. Stirn runzeln
5. Schulter zucken

11. Aufgabe

Ein Eilbesuch wird zu einem schwer akut erkrankten Patienten bestellt. Welche Angabe braucht am Telefon zunächst nicht erfragt werden?

1. Name des Anrufers
2. Krankenkasse
3. Alter des Patienten
4. Besuchsadresse
5. Grund der Besuchsanmeldung

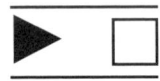

12. Aufgabe

Wo wird bei einem Kleinkind die Temperatur gemessen?

1. In der Ellenbeuge
2. In der geschlossenen Faust
3. Im Enddarm
4. Unter der Achsel
5. Unter der Zunge
6. Im Mund

13. Aufgabe

Eine Mutter kommt mit einem offensichtlich an einer Infektionskrankheit (Exanthem, nach Angaben der Mutter Kind fiebrig) erkrankten Kind in die Sprechstunde. Welches ist das richtige Verhalten der Arzthelferin?

a) Mutter und Kind werden sofort in das gerade leere Sprechzimmer gebeten
b) Mutter und Kind werden höflich gebeten, so lange auf dem Flur vor der Praxis zu warten, bis der Arzt Zeit hat
c) Arzt wird unterrichtet und um Anweisung für weiteres Vorgehen gebeten
d) So lange das Sprechzimmer noch nicht frei ist, werden Mutter und Kind in einen gerade leeren, separaten Raum (2. Wartezimmer, Labor, Bestrahlungsraum) gebeten
e) Mutter und Kind werden nach Hause geschickt und gebeten, auf einen Besuch zu warten

Wählen Sie bitte unter folgenden Aussagekombinationen diejenige, die Sie für zutreffend halten!

1. a – b – c
2. a – b – d
3. a – c – d
4. a – d – e
5. c – d – e

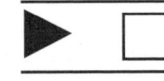

14. Aufgabe

Welche der aufgeführten Personengruppen sollte eine Arzthelferin bei einer Verzögerung des Praxisablaufs zuerst hereinbitten?

1. Unfallverletzte
2. Hochfiebernde Patienten
3. Schwangere
4. Mütter mit Kleinkindern
5. Blinde mit Begleitung
6. Rentner

1.3 Notfälle in der Praxis

15. Aufgabe

Die Maßnahmen der Ersten Hilfe bei Verätzungen sind:

1. Kräftiges Auswaschen mit Wasser
2. Warten, bis der Arzt ein Gegengift spritzt
3. Keimfreier Wundverband
4. Sofort ohne Maßnahmen zum Arzt bringen
5. Sofort luftdicht abdecken
6. Hautfetzen entfernen

16. Aufgabe

Sinn der Schocklage ist:

1. Bequeme Ruhelage
2. Genügende Durchblutung der lebenswichtigen Organe
3. Bessere Durchblutung der oberen Extremitäten
4. Anregung der Herztätigkeit
5. Anregung der Atemtätigkeit

17. Aufgabe

Worin besteht die erste Maßnahme nach oraler Aufnahme eines Giftes? (z. B. Tabletteneinnahme in suizidaler Absicht vor wenigen Minuten, Patient ist voll ansprechbar)

1. Sofortige Gabe von Milch
2. Gabe von Coffein, z. B. in Form von starkem Kaffee
3. Sofort Notarzt benachrichtigen
4. Versuchen, den Patienten zum Erbrechen zu bringen, um dadurch eine weitgehende Entfernung des Giftes aus dem Körper zu erreichen
5. Gabe von Kreislaufmittel
6. Patienten rasch in stabile Seitenlage bringen

18. Aufgabe

Wie lagert man einen Bewusstlosen?

1. In normaler Lage mit flachem Kopfpolster
2. In stabiler Seitenlage
3. In halbsitzender Rückenlage
4. In Rückenlage mit Knierolle
5. In Rückenlage mit erhöhtem Kopfende

19. Aufgabe

Während der Abwesenheit Ihres Chefs kollabiert ein Patient bei einer Blutentnahme. Wie lagern Sie den Patienten, bis Sie den Chef gerufen haben?

1. Auf einen Stuhl setzen
2. Rückenlage mit Kopfhochlagerung
3. Bauchlage
4. Rückenlage mit Beinhochlagerung (Schocklage)
5. An der frischen Luft spazierengehen lassen

20. Aufgabe

Während der Abwesenheit Ihres Chefs kommt ein Patient in die Praxis, der über Müdigkeit klagt und zunehmend apathisch wird. Die Blutzuckerschnellkontrolle ergibt einen Glukosewert von ca. 30 mg/100 ml. Welche Maßnahmen sind richtig?

a) Chef informieren
b) 30 Einheiten Insulin geben
c) Dem Patienten Zucker oder eine zuckerhaltige Lösung geben
d) Schocklagerung durchführen
e) Den Patienten zum Erbrechen bringen
f) Dem Patienten Sauerstoff geben

Wählen Sie bitte unter folgenden Aussagekombinationen diejenige, die Sie für zutreffend halten:

1. a – b – c
2. b – d – e
3. c – e – f
4. a – b
5. a – c

21. Aufgabe

Bei Reinigungsarbeiten gerät eine größere Menge Waschbenzin auf die Kleidung einer Kollegin. Am Bunsenbrenner entzündet sich das Benzin und die Kleidung fängt Feuer.
Welche Maßnahme ist als Erste zu ergreifen?

1. Feuerwehr und Notarzt benachrichtigen
2. Die brennende Kleidung mit Leitungswasser löschen
3. Die Gaszufuhr des Bunsenbrenners abstellen
4. Mit einer Löschdecke oder einem ähnlichen Hilfsmittel die brennende Kleidung löschen
5. Die Kollegin ins Freie befördern (Rautek-Griff)

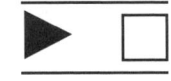

1.4 Praxishygiene und Arbeitsschutz

22. Aufgabe

„Asepsis" ist:

1. die Fixierung von Krankheitserregern auf der Haut
2. die Säuberung von Krankenzimmern
3. die Vernichtung von Ungeziefer
4. die Keimabschwächung
5. die Keimfreiheit
6. die Keimminderung

23. Aufgabe

Die Abtötung aller Keime erfolgt bei:

1. Bearbeitung des Materials im Brutschrank
2. Aethanolabusus
3. Infektion
4. Entwesung
5. Sterilisation
6. Desinfektion

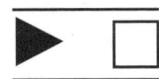

24. Aufgabe

Was verstehen Sie unter hygienischer Händedesinfektion?

1. Hände etwa 1/2–2 Minuten mit einem anerkannten Desinfektionsmittel desinfizieren
2. Gründliches Bürsten und Waschen mit Seife (2–3 Minuten), anschließend desinfizieren mit anerkannten Desinfektionsmitteln (5–10 Minuten)
3. Wie 2., jedoch anschließend waschen und mit einem Hautpflegemittel einreiben
4. Gründliches Bürsten und Waschen mit Seife und anschließendes Trocknen im warmen Luftstrom
5. Jedes der genannten Verfahren

25. Aufgabe

Welche Aussage ist richtig?

1. Die Sprühdesinfektion ist besonders für Fußböden und große Flächen geeignet
2. Bei der hygienischen Händedesinfektion werden Hände und Unterarme gereinigt
3. Zur besseren reinigenden Wirkung empfiehlt sich bei Flächendesinfektionsmitteln der Zusatz von Reinigungsmitteln
4. Eine Erhöhung der Konzentratzugabe bewirkt bei Desinfektionsmitteln eine Wirkungssteigerung
5. Die chirurgische Händedesinfektion führt zur Abtötung aller Mikroorganismen an den Händen
6. Hautdesinfektionsmittel weisen viruzide, bakterizide und fungizide Bestandteile auf

26. Aufgabe

Wann sollen Sie eine hygienische Händedesinfektion vornehmen?

1. Nachdem Sie bei einem aseptischen Eingriff assistiert haben
2. Nach jeder Nahrungsaufnahme
3. Wenn die Verwendung von Einmalhandschuhen nicht möglich ist
4. Nur gelegentlich, bevor Sie sich die Fingernägel maniküren
5. Nachdem Sie einen eitrigen Verband entfernt haben
6. Bevor ein chirurgischer Eingriff durchgeführt wird

27. Aufgabe

Welche Zeit (Abtötungszeit + Sicherheitszuschlag) und welche Temperatur sind erforderlich, um den Inhalt eines Heißluftsterilisators steril zu machen?

Zeit:		Temperatur:
1. 60 Minuten		100° C
2. 30 Minuten		120° C
3. 30 Minuten		180° C
4. 45 Minuten		200° C
5. 30 Minuten		220° C
6. 15 Minuten	über	220° C

28. Aufgabe

Welche Krankheitserreger sind besonders hitzeresistent?

1. Wurmeier
2. Gonokokken
3. Trichomonaden
4. AIDS-Viren
5. Colibakterien
6. Bakteriensporen

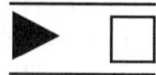

29. Aufgabe

Bei welchem der nachstehenden Gegenstände kann eine Sterilisation nicht im Heißluftsterilisator vorgenommen werden?

1. Instrumente
2. Kanülen
3. Reagenzgläser
4. Gummihandschuhe
5. Pinzetten
6. Glasspritzen

30. Aufgabe

Wie heißt das abgebildete Gerät?

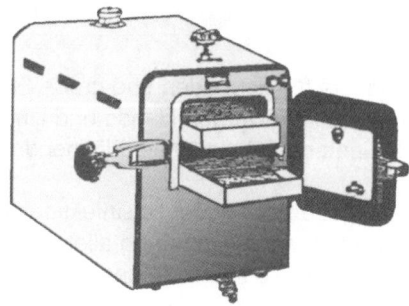

1. Brutkasten
2. Mikrowellengerät
3. Autoklav
4. Elektrokardiograph
5. Kurzwellengerät
6. Heißluftsterilisator

31. Aufgabe

Welche Aussage zur Praxishygiene ist falsch?

1. Der Hygieneplan legt die Maßnahmen zur Desinfektion, Reinigung und Sterilisation fest
2. Das bei der Gassterilisation verwendete Äthylen ist gesundheitsschädlich
3. Vor der Desinfektion von Instrumenten muss eine gründliche Reinigung z.B. von Blutresten stattfinden
4. Geeignete Desinfektionsmittel und -verfahren werden vom Bundesgesundheitsamt angegeben
5. Gebrauchtes Verbandmaterial ist als Hausmüll zu entsorgen

32. Aufgabe

Welche Folgen kann (zu häufige) hygienische Händedesinfektion haben?

1. Genetischer Schaden
2. Allergisches Ekzem
3. Störungen des Blutbildes
4. Diarrhoe
5. Haarausfall

33. Aufgabe

Welche Aussage trifft nicht zu?

1. Berufliche Schutzbekleidung und Privatbekleidung müssen getrennt aufbewahrt werden
2. Sozialräume dürfen mit Schutzbekleidung nicht betreten werden
3. Alkohol eignet sich besonders zur Abtötung von Sporen
4. Durch Beigabe nicht vorgesehener Mittel zu Desinfektionslösungen kann deren Wirksamkeit beeinflusst werden
5. Beim Einsatz von Desinfektionsmitteln muss deren Einwirkdauer beachtet werden

34. Aufgabe

Die Dampfsterilisation erfolgt im Autoklaven in 6 Minuten Sterilisationszeit (Abtötungszeit + Sicherheitszuschlag) bei einer Temperatur und einem Druck von?

1. 100° C   ca. 2,5 Bar   (ca. 2500 Hektopascal)
2. 120° C   ca. 3,0 Bar   (ca. 3000 Hektopascal)
3. 134° C   ca. 3,0 Bar   (ca. 3000 Hektopascal)
4. 150° C   ca. 2,5 Bar   (ca. 2500 Hektopascal)
5. 160° C   ca. 3,5 Bar   (ca. 3500 Hektopascal)

35. Aufgabe

Abkochen ist eine gute Methode zur Sterilisation von Instrumenten, weil durch das Abkochen auch Bakteriensporen sicher abgetötet werden.

	1. Feststellung	2. Feststellung	Verknüpfung
1.	richtig	richtig	richtig
2.	richtig	richtig	falsch
3.	richtig	falsch	–
4.	falsch	richtig	–
5.	falsch	falsch	–

36. Aufgabe

Sie sollen benutzte Instrumente zur Wundversorgung vorbereiten. Wie gehen Sie vor?

1. Sterilisation – Reinigung – Desinfektion
2. Reinigung – Sterilisation – Desinfektion
3. Sterilisation – Desinfektion – Reinigung
4. Desinfektion – Reinigung – Sterilisation
5. Reinigung – Sterilisation

37. Aufgabe

Welche Konzentration muss Alkohol aufweisen, der für Desinfektionszwecke Verwendung finden soll?

1. 10%
2. 15%
3. 70%
4. 80%
5. 100%

38. Aufgabe

Beim Desinfizieren von Instrumenten soll der Hautkontakt mit der Desinfektionslösung vermieden werden, weil durch den Kontakt mit Hautepithelschichten das Desinfektionsmittel leicht unwirksam wird.
Bitte kreuzen Sie die Antwort 1. bis 6. an, die nach Ihrer Meinung die beiden Feststellungen und ihre Verknüpfung richtig beurteilt.

	1. Feststellung	2. Feststellung	Verknüpfung
1.	richtig	richtig	richtig
2.	richtig	richtig	falsch
3.	richtig	falsch	–
4.	falsch	richtig	
5.	falsch	falsch	–
6.	–	–	–

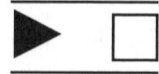

39. Aufgabe

Was versteht man unter einem Hygieneplan?

1. Behandlungsplan für bettlägerige Patienten
2. Plan, der die Durchführung von Hygienemaßnahmen in der Praxis festlegt
3. Plan, der behördliche Maßnahmen bei Seuchen festlegt
4. Verhaltensanweisungen für Patienten mit Parasiten und ansteckenden Krankheiten
5. Patientenbetreuung unter hygienischen Gesichtspunkten

1.5 Apparate und Instrumente

40. Aufgabe

Welche der folgenden Aussagen ist nicht zutreffend?

1. Röntgenstrahlen werden für Diagnose und Therapie verwendet
2. Bei der Verwendung von Kontrastmitteln muss mit Kontrastmittelzwischenfällen gerechnet werden
3. Schwangeren Praxisangestellten ist der Aufenthalt im Rö-Kontrollbereich verboten
4. Bei Durchleuchtungen braucht Rö-Schutzbekleidung nicht unbedingt getragen zu werden
5. Für Röntgenuntersuchungen besteht eine Aufzeichnungspflicht

41. Aufgabe

Welche Angabe auf dem Leistungsschild eines Elektrotherapiegerätes gibt den Energieverbrauch an?

1. Nennspannung in Volt
2. VDE-Zeichen
3. Typenbezeichnung
4. Leistungsangabe in Watt
5. Nennfrequenz in Hz

42. Aufgabe

Eine Arzthelferin vergisst in der Praxis, verschiedene Geräte abzustellen. Welches Gerät fällt mit seinem unnützen Energieverbrauch am meisten ins Gewicht?

1. Transistorradio
2. Beleuchtung des Mikroskopes
3. Praxiscomputer
4. Fotometer
5. Infrarotlampe

43. Aufgabe

Welche Strahlung wird bei der Höhensonne erstrangig genutzt?

1. Ultrakurzwellen
2. Radioaktive Strahlen
3. Wärmestrahlen
4. Röntgenstrahlen
5. Ultraviolettes Licht
6. Infrarotes Licht

44. Aufgabe

Worauf müssen Sie bei der Ultraviolettbehandlung achten?

a) Elektroerdung des Patienten
b) Schutz der Augen
c) Art der Bekleidung
d) Bestrahlungszeit
e) Abstand von der Körperoberfläche
f) Tragen eines Dosimeters

Wählen Sie bitte unter den folgenden Aussagekombinationen diejenige aus, die richtig ist!

1. a – b – e
2. a – b – f
3. b – d – e
4. b – e – f
5. d – e

45. Aufgabe

Wann muss ein Patient eine Schutzbrille tragen?

1. Bei UHF-Bestrahlung (Kniegelenk)
2. Bei Bestrahlung mit Mikrowellen (Lendenwirbelsäule)
3. Bei Inhalation
4. Bei Betreten des Röntgenraumes
5. Bei Bestrahlunq mit ultravioletten Strahlen (Oberkörper)
6. Bei Rotlichtbestrahlung (Nacken)

46. Aufgabe

Worauf muss bei einer Hochfrequenztherapie (z.B. Mikrowelle) geachtet werden?

1. Die Extremitäten und Brustwandkabel dürfen nicht verwechselt werden
2. Das Erdungskabel muss beim Patienten angeschlossen sein
3. Der Patient muss nüchtern sein
4. Die Haut muss eingefettet sein
5. Es dürfen sich keine metallischen Gegenstände im Bestrahlungsfeld befinden
6. Der Patient muss entspannt liegen

Apparate und Instrumente

47. Aufgabe

Was wird zur Verbesserung des Haut-Elektroden-Kontaktes verwendet?

1. Immersionsöl
2. Borsalbe
3. Plastikfolie
4. Hautöl
5. Kontaktgel
6. Feuchter Zellstoff

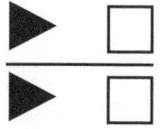

48. Aufgabe

Was müssen Sie bei der Vorbereitung zur Anfertigung eines Elektrokardiogrammes (EKG) beachten?

1. Es ist auf absolute Trockenheit zwischen Elektrode und Haut zu achten
2. Es ist auf ausreichende Temperierung des Untersuchungsraumes zu achten
3. Metallgegenstände sind aus dem Bestrahlungsfeld zu entfernen
4. Die Haut ist an den Anlegestellen der Elektroden zu desinfizieren
5. Es ist darauf zu achten, dass der Patient entspannt liegt
6. Die Elektroden sind an den Oberarmen und an den Unterschenkeln anzulegen

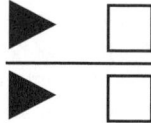

49. Aufgabe

Welche der folgenden Aussagen trifft nicht zu?

1. Die Breite der Blutdruckmanschette muss unter Berücksichtigung des Oberarmumfanges gewählt werden
2. Bei Kindern verwendet man eine schmälere Manschette
3. Blutdruckmessgeräte, die in der ärztlichen Praxis Verwendung finden, müssen mindestens alle zwei Jahre geeicht werden
4. Bei der Blutdruckmessung sollte die Luft möglichst rasch abgelassen werden
5. Als diastolischer Blutdruckwert zählt der Wert, der dem Ende eines hörbaren Geräusches entspricht

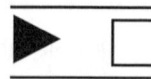

50. Aufgabe

Wozu dient in der ärztlichen Praxis eine Teesiebgeflechtbrille?

1. Zum Schutz vor Säuren und Laugen
2. Zur Visusbestimmung
3. Zur Untersuchung des Augenhintergrundes
4. Zum Schutz der Augen bei Bestrahlung des Kopfes mit Mikrowellen
5. Zur Reflexprüfung

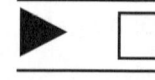

51. Aufgabe

Was versteht man unter Iontophorese?

1. Blutwäsche
2. Bestrahlung mit hochfrequenten elektromagnetischen Wellen
3. Grundlagen des Elektrokardiogramms
4. Applikation von Medikamenten mithilfe von Gleichstrom
5. Bestrahlung mit harten Röntgenstrahlen

52. Aufgabe

Auf welches der angeführten Geräte bezieht sich die Medizinprodukte-Betreiberverordnung nicht?

1. Elektrisch betriebene Krankenfahrstühle
2. Blutdruckmessapparat
3. Mikrowellenapparat
4. Spirometer
5. Inhalationsapparat

Apparate und Instrumente

53. Aufgabe

Zu welchem Bereich der medizinischen Technik gehört das Doppler-Verfahren?

1. zur Ultraschalldiagnostik
2. zur Elektrokardiografie
3. zu den Röntgenuntersuchungen
4. zur Blutdruckmessung
5. zur Lungenfunktionsprüfung

54. Aufgabe

Bei welcher der angeführten Formen der physikalischen Therapie gelangen am Patienten <u>keine</u> elektromagnetischen Wellen zur Anwendung?

1. Mikrowellenbestrahlung
2. UV-Lichtanwendung
3. Ultraschalltherapie
4. Infrarotbestrahlung
5. Kurzwellentherapie

55. Aufgabe

Wozu benötigt der Arzt ein Stethoskop?

1. Zum Durchführen des Sehtests
2. Zum Ausleuchten von Körperöffnungen
3. Zum Perkutieren
4. Zum Auskultieren
5. Zum Tamponieren
6. Zum Palpieren

56. Aufgabe

Um welche Spritze handelt es sich in der Abbildung?

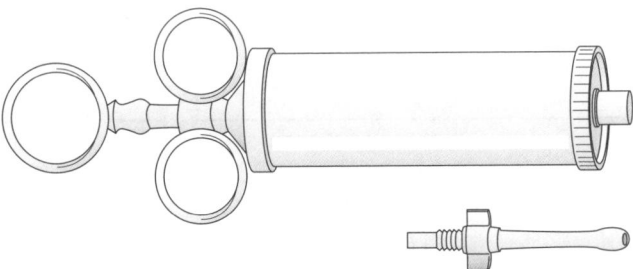

1. Insulinspitze
2. Ohrenspritze
3. Rekordspritze
4. Tuberkulinspritze
5. Einmalspritze

57. Aufgabe

Bei welchem Instrument handelt es sich um eine Tuchklemme?

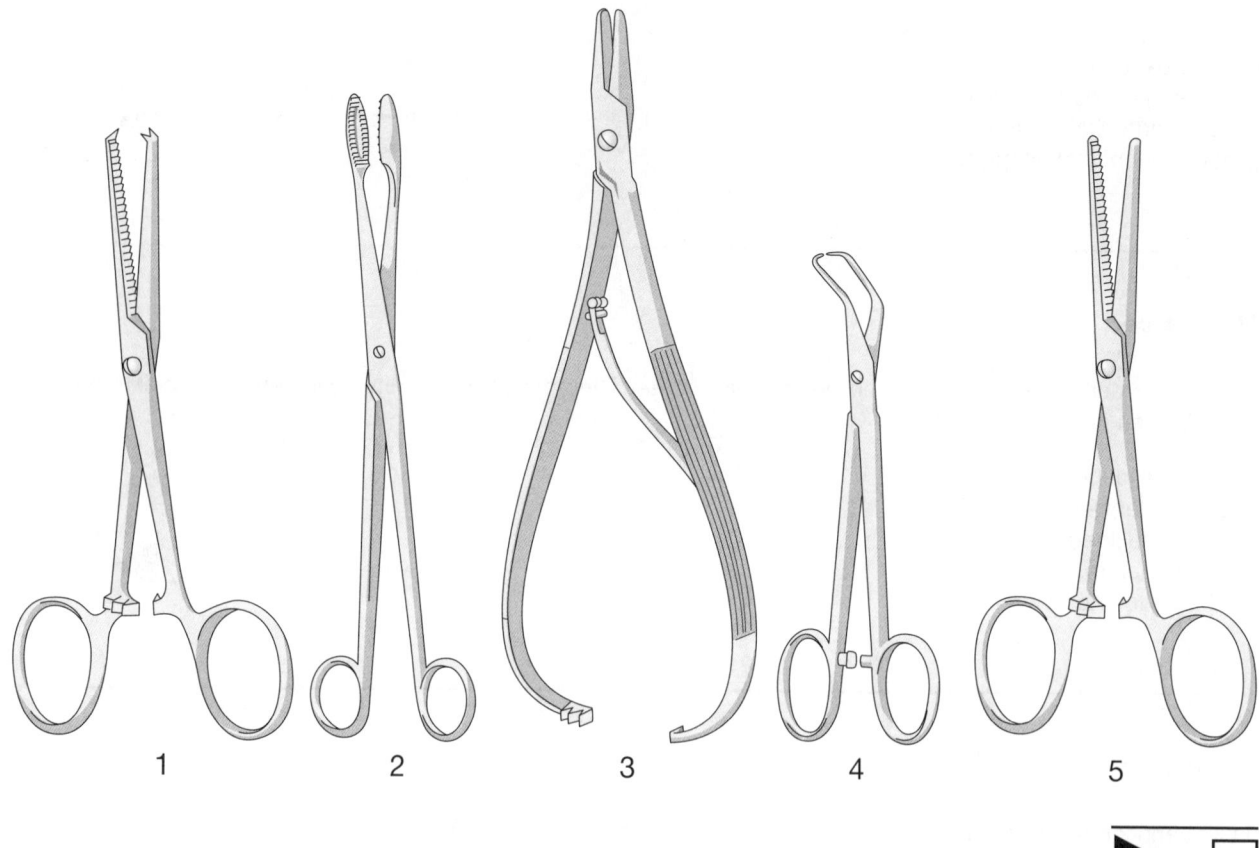

1   2   3   4   5

Tragen Sie die zutreffende Ziffer in das Kästchen ein!

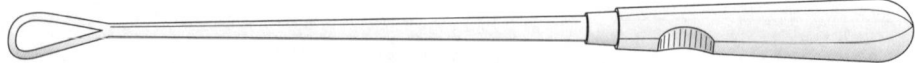

58. Aufgabe

Wie heißt das abgebildete Instrument?

1. Skalpell
2. Kürette
3. Scharfer Löffel
4. Scheidenspiegel
5. Katheter
6. Trokar

59. Aufgabe

Wie heißt das abgebildete Instrument?

1. Tuchklemme
2. Klammerpinzette
3. Scharfe Klemme
4. Kiefersperrer
5. Darmklemme
6. Zungenfasszange

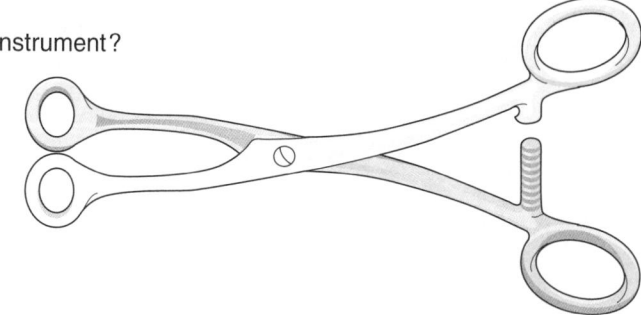

Apparate und Instrumente

60. Aufgabe

Mit welchem Gerät inspiziert der Arzt das Trommelfell?

1. Ophtalmoskop
2. Audiometer
3. Stethoskop
4. Periskop
5. Otoskop

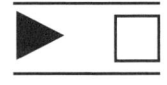

61. Aufgabe

Wie heißt das abgebildete Instrument?

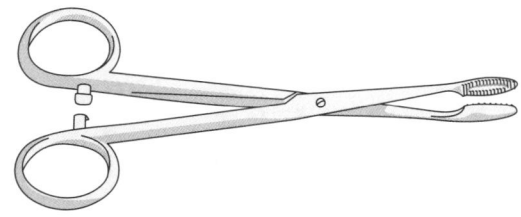

1. Knochenfasszange
2. Klammerpinzette
3. Nadelhalter
4. Ohrpinzette
5. Splitterpinzette
6. Kornzange

62. Aufgabe

Zu welcher Instrumentengruppe gehört der Wundhaken?

1. Zu den fassenden Instrumenten
2. Zu den schneidenden Instrumenten
3. Zu den Klemmen
4. Zu den haltenden Instrumenten
5. Zu den Zangen

63. Aufgabe

Spekula verwendet man:

1. Bei der Untersuchung der Harnröhre und Blase
2. Bei der Untersuchung des Augenhintergrundes
3. Bei der Punktion eines Gelenkes
4. Bei der Untersuchung der Nase
5. Bei der Untersuchung der Scheide und des Gebärmuttermundes
6. Bei der Sondierung des Magens

Abbildung zur 64. und 65. Aufgabe

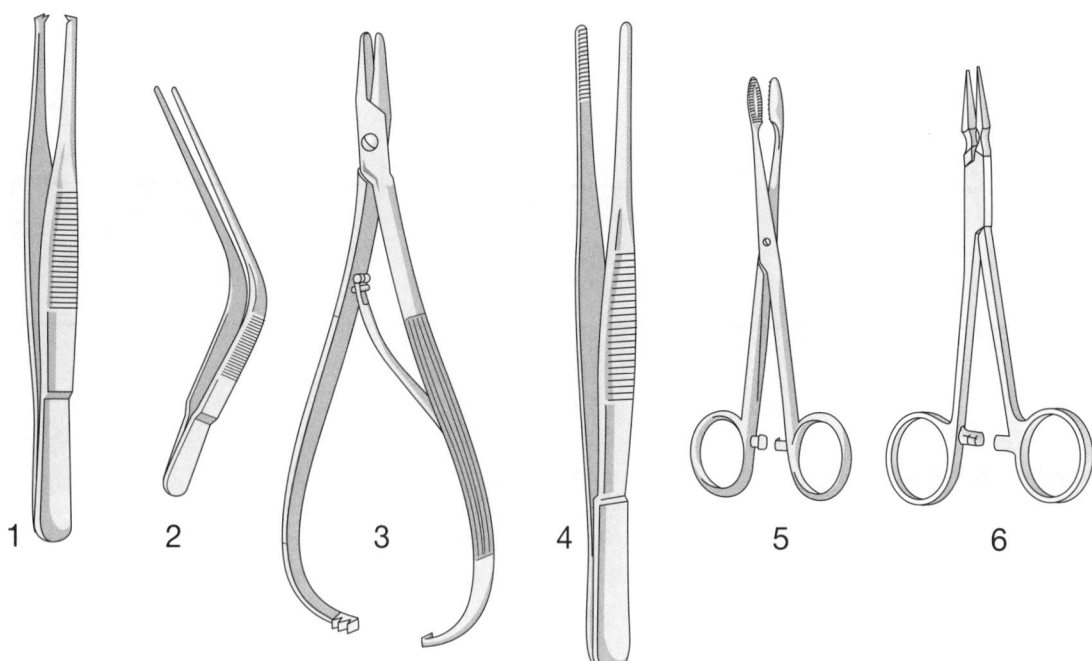

64. Aufgabe

Welche der Abbildungen stellt eine Ohrpinzette dar?

Tragen Sie die entsprechende Kennziffer in das Kästchen ein!

65. Aufgabe

Welche der Abbildungen stellt einen Nadelhalter dar?

Tragen Sie die entsprechende Kennziffer in das Kästchen ein!

66. Aufgabe

Welches der aufgeführten Nahtmaterialien kann resorbiert werden?

1. Nylon
2. Catgut
3. Draht
4. Zwirn
5. Seide

67. Aufgabe

Ordnen Sie zu, indem Sie die Kennziffern von 3 der insgesamt 5 Instrumente in die Kästchen bei den Funktionen eintragen!

Instrument	Funktion	
1. Klammerpinzette		
2. Scharfer Löffel	Ausräumen einer Abszesshöhle	☐
3. Lanzettförmiges Skalpell		
4. Spekulum	Stichinzision	☐
5. Knopfsonde		
	Austasten von Fistelgängen	☐

Apparate und Instrumente

68. Aufgabe

Ein Cystoskop wird benutzt zur Untersuchung:

1. der Gebärmutter
2. der Ohren
3. des Rektums
4. der Blase
5. der Bronchien
6. des Magens

1.6 Medizinische Terminologie, Allgemeine Krankheitslehre

69. Aufgabe

Wie nennt man die Lehre von den Krankheiten?

1. Physiologie
2. Pathologie
3. Histologie
4. Anatomie
5. Morphologie

70. Aufgabe

Die Krankheitsbereitschaft eines Menschen bezeichnet man als:

1. Konstitution
2. Funktion
3. Disposition
4. Chromosom
5. Symptom

71. Aufgabe

Ein objektives Krankheitssymptom ist:

1. Übelkeit
2. Schmerzen
3. Pulserhöhung
4. Schwindel
5. Abgeschlagenheit

72. Aufgabe

Wie nennt man die Erhebung der Krankengeschichte?

1. Diskussion
2. Prognose
3. Palpation
4. Auskultation
5. Anamnese
6. Perkussion

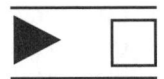

73. Aufgabe

„Symptom" ist:

1. Eine Tochterabsiedlung
2. Eine Maßnahme zum Schutz vor einer Erkrankung
3. Ein möglicher Krankheitsverlauf
4. Eine Behandlung einer Krankheit
5. Eine Krankheitserkennung
6. Ein Krankheitszeichen

74. Aufgabe

„Therapie" ist:

1. Wärmeregulierung
2. Maßnahme zum Schutz vor einer Erkrankung
3. Möglicher Krankheitsverlauf
4. Behandlung einer Krankheit
5. Krankheitserkennung
6. Krankheitszeichen

75. Aufgabe

„Prophylaxe" ist:

1. Erkennung der Krankheitsursache
2. Maßnahmen zum Schutz vor einer Erkrankung
3. Möglicher Krankheitsverlauf
4. Behandlung einer Krankheit
5. Krankheitserkennung
6. Krankheitszeichen

76. Aufgabe

„Prognose" ist:

1. Eine Maßnahme zum Schutz vor einer Erkrankung
2. Ein möglicher Krankheitsverlauf
3. Eine Behandlung einer Krankheit
4. Eine Krankheitserkennung
5. Ein Krankheitszeichen

77. Aufgabe

Nachdem eine Krankheit abgeheilt ist, folgt eine Zeit der Erholung. Wie nennt man diese?

1. Anamnese
2. Prognose
3. Dialysezeit
4. Rezidiv
5. Rekonvaleszenz
6. Inkubationszeit

78. Aufgabe

Was bezeichnet man als Insuffizienz?

1. Die ungenügende Leistung eines Organes
2. Eine zu starke Hormonproduktion
3. Das Einblasen von Medikamenten in Pulverform
4. Das intravenöse, subkutane oder rektale Einbringen von Substanzen in den Körper
5. Die Einatmung
6. Eine verstärkte Abwehrreaktion des Körpers

79. Aufgabe

Das Wiederauftreten einer Krankheit nach einer (scheinbaren) Heilung nennt man:

1. Rezidiv
2. Prognose
3. Angina
4. Prophylaxe
5. Inkubation

Medizinische Terminologie, Allgemeine Krankheitslehre

80. Aufgabe

Was versteht man unter dem medizinischen Fachausdruck „Nekrose"?

1. Kreislaufversagen mit Ohnmacht
2. Gewebstod
3. Blutleere
4. Zu niedriger Blutdruck
5. Blutfülle

81. Aufgabe

Welche Lokalisation gibt der Begriff „proximal" an?

1. Kopfwärts gelegen
2. Steißwärts gelegen
3. Rumpffern gelegen
4. Rumpfnah gelegen
5. Rückwärts gelegen
6. Bauchwärts gelegen

82. Aufgabe

Welche Lokalisation gibt der Begriff „kranial" an?

1. Kopfwärts gelegen
2. Steißwärts gelegen
3. Rumpffern gelegen
4. Rumpfnah gelegen
5. Rückwärts gelegen
6. Bauchwärts gelegen

83. Aufgabe

Eine Atrophie ist

1. eine Unterfunktion
2. ein Gewebsschwund
3. eine Unterernährung
4. eine Gewebserneuerung
5. eine Hautgeschwulst

84. Aufgabe

Welche Bestandteile im Blut vermehren sich bei einer Entzündung im Körper?

1. Die roten Blutkörperchen
2. Die weißen Blutkörperchen
3. Die Blutplättchen
4. Der Rh-Faktor
5. Die Gerinnungsfaktoren

85. Aufgabe

Welcher der nachstehenden Krankheitszustände lässt im Namen erkennen, dass eine akute Entzündung vorliegt?

1. Angina pectoris
2. Hypertonie
3. Anämie
4. Ulcus
5. Cystitis
6. Arthrose

86. Aufgabe

Welche der im folgenden genannten Krankheiten ist <u>keine</u> Entzündung?

1. Appendizitis
2. Rachitis
3. Pneumonie
4. Tonsillitis
5. Sinusitis

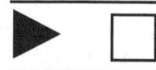

87. Aufgabe

Welche der folgenden Aussagen über eine Entzündung sind richtig?

a) Sie ist eine Abwehrreaktion des Körpers
b) Sie kann durch lebende Krankheitserreger, physikalische, chemische und mechanische Reize ausgelöst werden
c) Sie kann nur mit Mängeln (Defekten) ausheilen
d) Sie ist immer mit Eiterbildung verbunden
e) Sie kann akut oder chronisch verlaufen

Wählen Sie bitte unter folgenden Aussagekombinationen diejenige, die Sie für zutreffend halten:

1. a – b – c – d – e
2. a – b – c
3. a – b – e
4. c – d – e
5. d – e

88. Aufgabe

Zu welcher Krankheitsgruppe zählen die Überempfindlichkeitsreaktionen des Körpers gegen bestimmte Stoffe? (Z.B. gegen Gräserpollen beim Heuschnupfen)

1. Psychische Erkrankungen
2. Allergische Erkrankungen
3. Degenerative Erkrankungen
4. Erkrankungen des Stoffwechsels
5. Geschwulsterkrankungen
6. Autoimmunerkrankungen

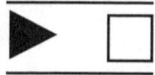

89. Aufgabe

Wie heißt die medizinische Bezeichnung für eine eitrige Entzündung an den Fingern oder an den Zehen?

1. Lymphadenitis
2. Lymphangitis
3. Panaritium
4. Karbunkel
5. Appendizitis
6. Sepsis

90. Aufgabe

Ein bösartiger Tumor unterscheidet sich von einem gutartigen Tumor durch

1. die Größe
2. die Metastasenbildung
3. zerstörendes Vordringen in benachbarte Gewebe
4. Lokalisation im Körper
5. den Liquordruck
6. den Schmerz

Medizinische Terminologie, Allgemeine Krankheitslehre

91. Aufgabe

Welches der folgenden Geschwülste betrifft den Knochen?

1. Lipom
2. Osteom
3. Melanom
4. Fibrom
5. Myom

92. Aufgabe

Karzinome sind:

1. Gutartige Tumore des Epithelgewebes
2. Bösartige Tumore des Bindegewebes
3. Gutartige Geschwülste der glatten Muskulatur
4. Bösartige Tumore des Epithelgewebes
5. Bösartige Tumore des Nervengewebes

93. Aufgabe

Was ist ein Lipom?

1. Eine Hautwarze
2. Ein bösartige Geschwulst
3. Eine Entzündung
4. Ein Fettgewebsgeschwulst
5. Ein Muskelgeschwulst

1.7 Anatomie, Physiologie und Pathologie

1.7.1 Zell- und Gewebelehre

94. Aufgabe

Was bilden Zellen gleicher Bauart und gleicher Funktion?

1. Ein Organ
2. Ein Gewebe
3. Ein System
4. Die Leber
5. Die Lunge
6. Das Herz

95. Aufgabe

In welchen Zellbestandteilen befinden sich die Erbanlagen?

1. Im Protoplasma
2. In den Mitochondrien
3. In den Antigenen
4. In den Chromosomen
5. In der Zellmembran
6. Im endoplasmatischen Retikulum

96. Aufgabe

Wie groß ist ungefähr eine normale Körperzelle?

1. 50–200 μm (Mikrometer)
2. 20– 50 μm (Mikrometer)
3. 5– 20 μm (Mikrometer)
4. 50–100 nm (Nanometer)
5. 5– 20 nm (Nanometer)

97. Aufgabe

Zu welcher Gewebeart gehört das Drüsengewebe?

1. Epithelgewebe
2. Bindegewebe
3. Knochengewebe
4. Muskelgewebe
5. Nervengewebe

98. Aufgabe

Ordnen Sie zu, indem Sie die Kennziffern von 2 der insgesamt 5 Aussagen in die Kästchen bei den Bestandteilen einer Zelle eintragen!

Aussage

1. Ort der Energiegewinnung
2. Eiweißsynthese
3. Aufgaben bei der Zellteilung
4. Kontraktile Strukturen in Muskelzellen
5. Träger der Erbinformation

Bestandteile einer Zelle

Myofibrillen ☐

Mitochondrien ☐

99. Aufgabe

Welche Aufgaben hat das Epithelgewebe?

1. Kontraktion
2. Reizleitung
3. Schutzfunktion
4. Drüsenfunktion
5. Stützfunktion

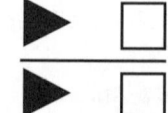

100. Aufgabe

Welche Chromosomenzusammensetzung hat eine männliche menschliche Körperzelle (z. B. Leberzelle)?

1. 22 Chromosomen und je ein x- und y-Chromosom
2. 22 Chromosomenpaare und je ein x- und y-Chromosom
3. 22 Chromosomenpaare und zwei x-Chromosomen
4. 23 Chromosomenpaare und je ein x- und y-Chromosom
5. 23 Chromosomenpaare und zwei x-Chromosomen

101. Aufgabe

Zu welcher Gewebeart rechnen Sie die Schleimhaut des Magens?

1. Bindegewebe
2. Muskelgewebe
3. Epithelgewebe
4. Nervengewebe

Anatomie, Physiologie und Pathologie

102. Aufgabe

Welche Zelle hat den halben Chromosomensatz?

1. Samenzelle
2. Befruchtete Eizelle
3. Nervenzelle
4. Muskelzelle
5. Leberzelle

103. Aufgabe

Welche der folgenden Aussagen trifft nicht zu?

1. Krankheiten, die schon bei der Geburt vorliegen, nennt man Erbkrankheiten
2. Beim Down-Syndrom ist Chromosom 21 dreifach vorhanden
3. Röntgenstrahlen können zu Chromosomendefekten führen
4. Krankheiten, die auf dem Schaden eines X-Chromosoms beruhen, betreffen in erster Linie das männliche Geschlecht
5. Die Bluterkrankheit kann von Frauen übertragen werden, ohne bei diesen aufzutreten

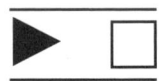

1.7.2 Bewegungsapparat

104. Aufgabe

Welcher Schädelknochen ist mit dem Pfeil angezeichnet?

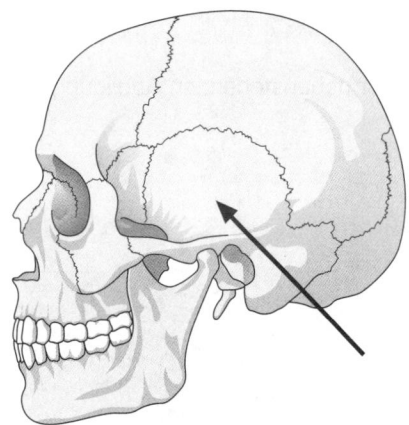

1. Hinterhauptbein
2. Jochbein
3. Schläfenbein
4. Scheitelbein
5. Keilbein

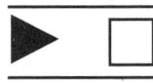

105. Aufgabe

Was versteht man unter „Fontanellen"?

1. Teilungsstelle der Zahnwurzeln
2. Kleine Knochenlöcher
3. Bruchstücke
4. Noch nicht geschlossene Knochenlücken am kindlichen Schädel
5. Die Nähte am Schädel
6. Vorzeitige Verknöcherung der Schädelnähte

106. Aufgabe

Was stellt die Abbildung dar?

Es handelt sich um

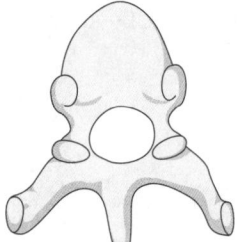

1. den Kehlkopf
2. das Sternum
3. das Becken
4. einen Wirbelknochen
5. das Fersenbein
6. das Nasenbein

Anatomie, Physiologie und Pathologie

107. Aufgabe

Wie wird das letzte Stück der Wirbelsäule bezeichnet?

1. Sitzbein
2. Kreuzbein
3. Hüftbein
4. Schlüsselbein
5. Steißbein
6. Schambein

▶ ☐

---

108. Aufgabe

Wie viel Rippenpaare besitzt der Mensch?

1. 6
2. 8
3. 10
4. 12
5. 13
6. 14

▶ ☐

---

109. Aufgabe

Welche Kennziffer der nebenstehenden Abbildung bezeichnet:

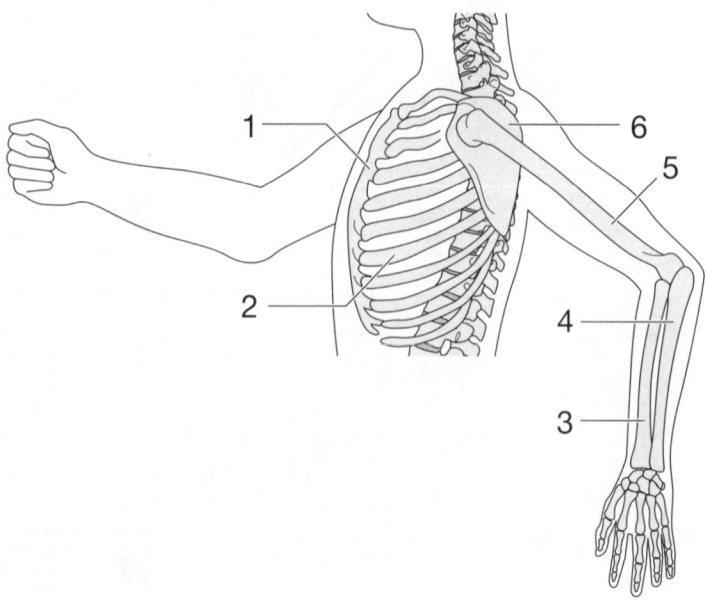

| das Sternum | ☐ |
| die Scapula | ☐ |

---

110. Aufgabe

Wie heißt die Fachbezeichnung für den Oberkiefer?

1. Mandibula
2. Prostata
3. Clavicula
4. Patella
5. Maxilla
6. Fibula

▶ ☐

Anatomie, Physiologie und Pathologie

111. Aufgabe

Ordnen Sie richtig zu, indem Sie die zutreffende Kennziffer eintragen!

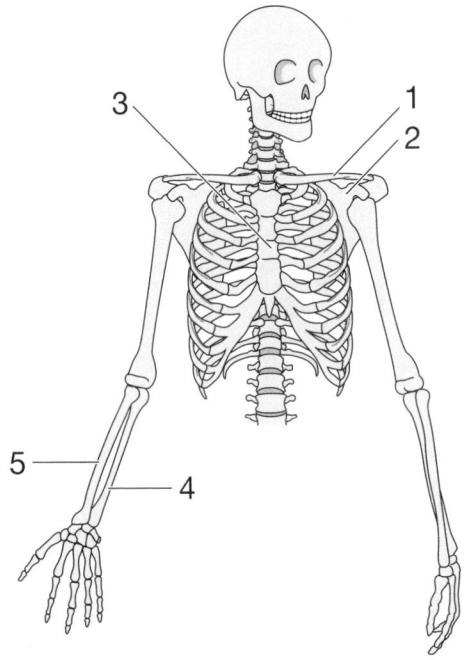

Elle (Ulna)	☐
Speiche (Radius)	☐
Brustbein (Sternum)	☐
Schlüsselbein (Clavicula)	☐
Schulterblatt (Scapula)	☐

112. Aufgabe

Welche Kennziffer der Abbildung bezeichnet:

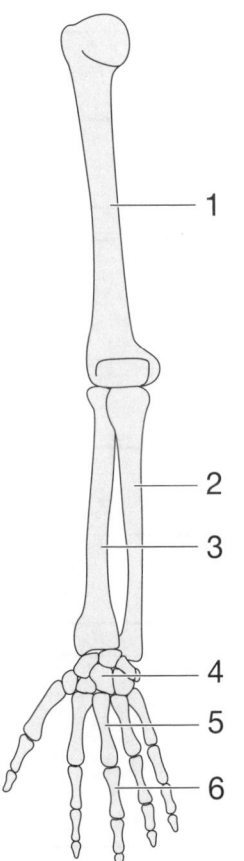

Humerus	☐
Os Metacarpale	☐

Abbildung zur 113. und 114. Aufgabe

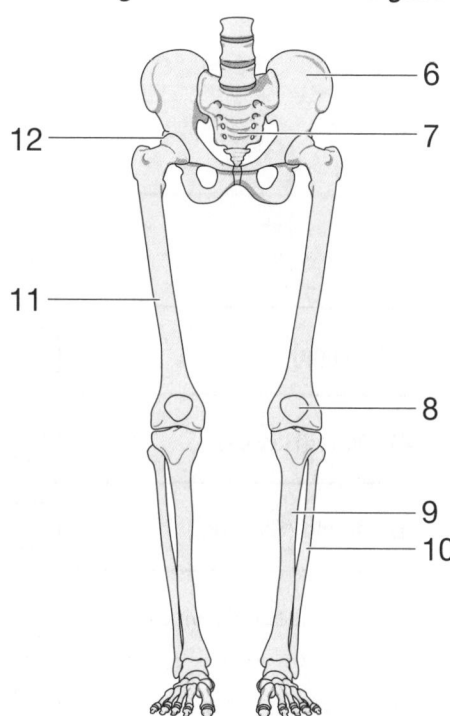

113. Aufgabe

Ordnen Sie richtig zu, indem Sie die zutreffende Kennziffer eintragen!
(Siehe obenstehende Abbildung!)

femur	☐
tibia	☐
patella	☐
fibula	☐

114. Aufgabe

Ordnen Sie richtig zu, indem Sie die zutreffende Kennziffer aus der Abbildung eintragen!

Kreuzbein (os sacrum)	☐
Hüftgelenk	☐
Darmbein (os ilium)	☐

115. Aufgabe

Welcher Muskel streckt den Unterarm im Ellenbogengelenk?

1. Deltamuskel
2. M. biceps (Bizeps)
3. M. triceps (Trizeps)
4. M. quadriceps (Quadrizeps)
5. Großer Brustmuskel

Anatomie, Physiologie und Pathologie

116. Aufgabe

Welche der folgenden Aussagen ist nicht richtig?

1. Bizeps und Trizeps sind Antagonisten
2. Der Bizeps befindet sich am Oberarm und beugt den Unterarm
3. Skelettmuskulatur weist eine Querstreifung auf
4. Synergisten sind Muskeln, die gemeinsam eine Bewegung bewirken
5. Eine intraglutäale Injektion erfolgt in den Deltamuskeln (M. deltoideus)

▶ ☐

---

117. Aufgabe

Ordnen Sie zu, indem Sie die Kennziffern der zutreffenden Diagnosen in die Kästchen bei den entsprechenden deutschen Krankheitsbezeichnungen eintragen!

1. Luxation
2. Arthrose
3. Fraktur
4. Distorsion
5. Skoliose
6. Arthritis
7. Bursitis

Verrenkung	☐
Gelenkentzündung	☐
Knochenbruch	☐
Schleimbeutelentzündung	☐

1.7.3 Steuerung des Körpers, Nervensystem, endokrines System

118. Aufgabe

Welcher Teil des Gehirns ist für die Koordination der Muskelbewegungen und die Steuerung des Körpergleichgewichtes zuständig?

1. Hypothalamus
2. Hirnrinde
3. Hirnstamm
4. Kleinhirn
5. Thalamus

▶ ☐

---

119. Aufgabe

Welche Nerven steuern die Funktionsabläufe im Magen-Darm-Trakt?

1. Trigeminus- und Facialisnerv
2. Die Rückenmarknerven
3. Die motorischen Spinalnerven
4. Die sensiblen Spinalnerven
5. Die vegetativen Nerven
6. Die übergeordneten Zentren im Frontalhirn

▶ ☐

---

120. Aufgabe

Die harte Hirnhaut heißt:

1. Pia mater
2. Arachnoidea
3. Dura mater
4. Pleura visceralis
5. Peritoneum

▶ ☐

---

121. Aufgabe

Der Liquor cerebrospinalis dient:

1. Zum Schutz des Gehirns
2. Zur Senkung des Blutdrucks
3. Zur Ernährung der Cornea
4. Zur Konstanterhaltung des Blutzuckers
5. Zur Herabsetzung der Gerinnungsfähigkeit des Blutes
6. Zum Anfeuchten der Pleurablätter

122. Aufgabe

Apoplexie bedeutet:

1. Nervenentzündung
2. Nervenschmerzen
3. Querschnittslähmung
4. Herzschlag
5. Schlaganfall

123. Aufgabe

Welche der angeführten Erkrankungen betrifft in erster Linie das zentrale Nervensystem?

1. Scharlach
2. Hepatitis
3. Mumps
4. Diphtherie
5. Tollwut

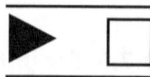

124. Aufgabe

Welches Organ ist eine Drüse innerer Sekretion (endokrine Drüse)?

Wählen Sie die richtige Kombination aus!

a) Leber   1. a – b – e
b) Herz   2. a – d
c) Hypophyse   3. b – e
d) Schilddrüse   4. c – d – e
e) Milz   5. c – d

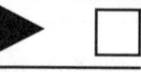

125. Aufgabe

Ordnen Sie zu, indem Sie die Kennziffern von drei der insgesamt 6 Hormone in die entsprechenden Kästchen bei den Drüsen eintragen!

Hormone

1. Progesteron
2. Testosteron
3. Thyroxin
4. Adrenalin
5. Cortison
6. Insulin

Drüsen

Schilddrüse ☐

Pankreas ☐

Nebennierenrinde ☐

Anatomie, Physiologie und Pathologie

126. Aufgabe

Welche der im folgenden genannten Aufgaben wird durch das Hormon Östrogen erfüllt?

1. Gefäßregulation
2. Aufbauphase der Gebärmutterschleimhaut (Proliferationsphase)
3. Auflockerung der Gebärmutterschleimhaut (Sekretionsphase)
4. Regulierung des Blutzuckerspiegels
5. Regulierung des Kalk- und Phosphorstoffwechsels

127. Aufgabe

Welche der folgenden Hormondrüsen steuert die übrigen Drüsen mit innerer Sekretion?

1. Hirnanhangdrüse (Hypophyse)
2. Zirbeldrüse
3. Schilddrüse
4. Nebenschilddrüse
5. Nebenniere

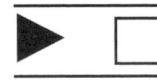

128. Aufgabe

Einen Kropf bezeichnet man als:

1. Struma
2. Hyperthyreose
3. M. Basedow
4. Myxödem
5. „Heißer Knoten"

1.7.4 Kreislaufsystem

129. Aufgabe

Wie oft schlägt das gesunde Erwachsenenherz in Ruhe in der Minute?

1.   6– 8mal
2. 20– 30mal
3. 40– 50mal
4. 60– 80mal
5. 110–150mal
6. 150–200mal

130. Aufgabe

In welchem der unten angegebenen Kreislauforgane fließt hellrotes, sauerstoffhaltiges Blut?

1. In der Oberarmvene
2. In der Nierenvene
3. In der Lungenarterie
4. In der rechten Herzkammer
5. Im rechten Herzvorhof
6. In der Lungenvene

131. Aufgabe

Wie nennt man die Blutgefäße, die das Blut zum Herzen hinführen?

1. Arterien
2. Arteriolen
3. Venen
4. Aorta
5. Lymphgefäße
6. Kapillargefäße

Anatomie, Physiologie und Pathologie

132. Aufgabe

Wohin fließt das Blut aus der rechten Herzkammer?

1. In die Lungenarterie
2. In die Lungenvene
3. In die linke Herzkammer
4. In den linken Herzvorhof
5. In den rechten Herzvorhof
6. In die Pfortader

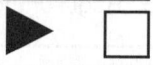

133. Aufgabe

Wohin gelangt das Blut während der Systole aus dem linken Ventrikel?

1. In den rechten Vorhof
2. In die Aorta
3. In den linken Ventrikel
4. In die Vena cava
5. In die Lungenarterie
6. In die Lungenvene

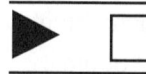

134. Aufgabe

Unter Pulsfrequenz versteht man:

1. Die Häufigkeit der Pulsschläge pro Minute
2. Die Stärke des Pulsschlages
3. Die Regelmäßigkeit der Schlagfolge
4. Die Spannung des Pulsschlages
5. Die Höhe des Pulsschlages

135. Aufgabe

Eine Pulsfrequenz von 40/Min. bezeichnet man bei Erwachsenen als:

1. Normal
2. Arrhythmie
3. Bradykardie
4. Tachyarrhythmie
5. Tachykardie
6. Extrasystolie

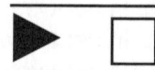

136. Aufgabe

Ein Herzinfarkt entsteht durch

1. einen Herzkranzgefäßverschluss
2. einen Herzklappenfehler
3. eine Herzmuskelentzündung
4. zu niedrigen Blutdruck
5. eine Überdosis von Herzmedikamenten

Anatomie, Physiologie und Pathologie

137. Aufgabe

Was versteht man unter einer Thrombophlebitis?

1. Eine Krampfaderbildung
2. Eine arterielle Verschlusskrankheit
3. Eine Lungenembolie
4. Eine Venenentzündung mit Gerinnselbildung
5. Eine Lymphbahnentzündung
6. Eine Entzündung im Mastdarm

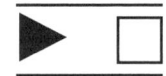

1.6.5 Blut

138. Aufgabe

In welchem Bestandteil unterscheiden sich Serum und Plasma?

1. Hämoglobin
2. Fibrinogen
3. Diastase
4. Ptyalin
5. Thrombozyten

139. Aufgabe

Welche Eigenschaften und Aufgaben haben Leukozyten?

1. Sorgen für die Hautfarbe
2. Durchwandern die Gefäßwände
3. Abwehrfunktion
4. Bilden Blutfarbstoffe
5. Bilden Hormone
6. Sind an der Verdauung beteiligt

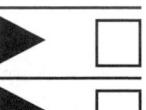

140. Aufgabe

Der Fachbegriff für rote Blutkörperchen ist:

1. Leukozyten
2. Phagozyten
3. Thrombozyten
4. Erythrozyten
5. Normozyten
6. Megalozyten

141. Aufgabe

An welchen Blutbestandteil wird der Blutsauerstoff chemisch gebunden?

1. An das Fibrin
2. An die Leukozyten
3. An das Hämoglobin
4. An die Thrombozyten
5. An das Blutplasma
6. An das Fibrinogen

Anatomie, Physiologie und Pathologie

142. Aufgabe

Welche Blutgruppenantikörper befinden sich im Serum der Blutgruppe 0?

1. Anti-A
2. Anti-B
3. Anti-A und Anti-B
4. Keine Antikörper
5. Anti-0

▶ □

143. Aufgabe

Wo werden die Erythrozyten gebildet?

1. In den Leberläppchen
2. In der Milzpulpa
3. Im roten Knochenmark
4. Im gelben Knochenmark
5. Im Rückenmark
6. Im Nebennierenmark

▶ □

144. Aufgabe

Bei einer Anämie sind:

1. Leukozyten vermindert
2. Erythrozyten vermindert
3. Lymphozyten vermindert
4. Hämoglobin vermindert
5. Granulozyten vermindert
6. Lymphozyten vermehrt

▶ □
▶ □

145. Aufgabe

Was versteht man unter einer Leukozytose?

1. Eine bösartige Erkrankung der blutbildenden Organe
2. Eine Verminderung der weißen Blutkörperchen
3. Eine Vermehrung der roten Blutkörperchen
4. Eine Verminderung der roten Blutkörperchen
5. Eine Vermehrung der weißen Blutkörperchen

▶ □

146. Aufgabe

Was ist eine Leukämie?

1. Eine Vermehrung gesunder weißer Blutkörperchen
2. Eine Vermehrung gesunder roter Blutkörperchen
3. Eine Verminderung von weißen Blutkörperchen
4. Eine Vermehrung entarteter weißer Blutkörperchen
5. Eine Blutarmut

1.7.6 Atmungsorgane

147. Aufgabe

Wodurch wird die Luftröhre beim Schlucken verschlossen?

1. Durch den Stimmbandknorpel
2. Durch den Gaumenbogen
3. Durch das Gaumensegel
4. Durch das Zäpfchen
5. Durch die Epiglottis
6. Durch die Rachenmandel

▶ □

Anatomie, Physiologie und Pathologie

148. Aufgabe

Unter Vitalkapazität versteht man:

1. Das Atemvolumen zwischen maximaler Ein- und Ausatmung
2. Das durchschnittliche Atemvolumen in Ruhe
3. Das Atemvolumen, das innerhalb 1 Sekunde ausgeatmet werden kann
4. Ein Maß für die Lebenstüchtigkeit
5. Aufnahmefähigkeit des Körpers für Vitamine
6. Lebensdauer

149. Aufgabe

Wo findet der Sauerstoff-Kohlendioxyd-Austausch statt?

1. In den Bronchien
2. In der Luftröhre
3. In der Wand der Lungenbläschen
4. Zwischen Lungen- und Rippenfell
5. Zwischen Lunge und Zwerchfell
6. Zwischen Kehlkopf und Luftröhre

150. Aufgabe

Welche der folgend genannten Substanzen wird in der Lunge abgeatmet?

1. Sauerstoff (O_2)
2. Kohlendioxyd (CO_2)
3. Hämoglobin
4. Methämoglobin
5. Kohlenoxyd (CO)
6. Ozon (O_3)

151. Aufgabe

Wie viele Lappen hat der linke Lungenflügel?

1. 1
2. 2
3. 3
4. 4
5. 5

152. Aufgabe

Was bedeutet Pleuritis?

1. Gelenkentzündung
2. Knochenentzündung
3. Bauchfellentzündung
4. Muskelentzündung
5. Brustfell- bzw. Rippenfellentzündung

153. Aufgabe

Das Bronchialasthma ist eine vorwiegend

1. infektiöse Erkrankung
2. allergische Erkrankung
3. degenerative Erkrankung
4. ein Geschwulstleiden
5. eine Blutkrankheit
6. eine Erkrankung der Luftröhrenknorpel

1.7.7 Verdauungsapparat

Abbildung zur 154. bis 157. Aufgabe

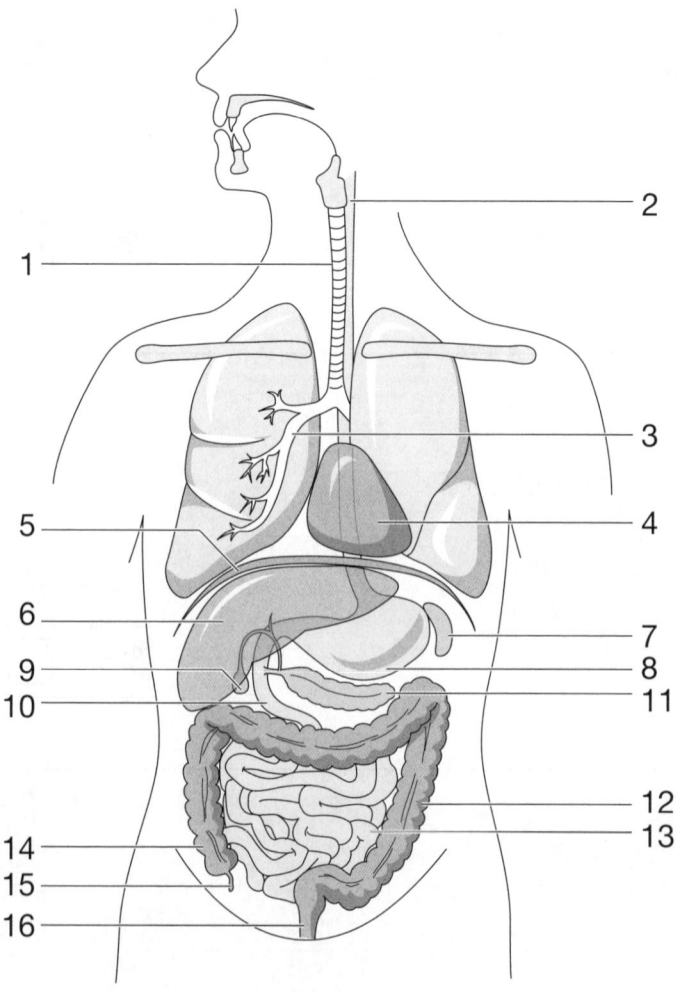

154. Aufgabe

Tragen Sie die zutreffenden Kennziffern in die Kästchein ein!
(Siehe obenstehende Abbildung)

Zwerchfell	□
Zwölffingerdarm	□
Rectum	□
Pancreas	□

155. Aufgabe

Tragen Sie die zutreffenden Kennziffern in die Kästchen ein!

(Siehe Abbildung auf Seite 40)

Oesophagus	☐
Magen	☐
Dünndarm (Ileum)	☐
Bronchien	☐

156. Aufgabe

Tragen Sie die zutreffenden Kennziffern in die Kästchen ein!

(Siehe Abbildung auf Seite 40)

Leber	☐
Appendix	☐
Gallenblase	☐
Herz	☐

157. Aufgabe

Tragen Sie die zutreffenden Kennziffern in die Kästchen ein!

(Siehe Abbildung auf Seite 40)

Trachea	☐
Blinddarm (Caecum)	☐
Milz	☐
Dickdarm	☐

158. Aufgabe

Wo beginnt die Kohlehydratverdauung?

1. In der Speiseröhre
2. Im Dickdarm
3. In der Mundhöhle
4. Im Zwölffingerdarm
5. Im Dünndarm

▶ ☐

Anatomie, Physiologie und Pathologie

159. Aufgabe

Welches Organ kann als die „chemische Zentralstation" des Körpers bezeichnet werden?

1. Bauchspeicheldrüse
2. Nieren
3. Gallenblase
4. Darm
5. Leber

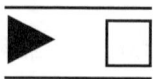

160. Aufgabe

Was sind „Peptide"?

1. Fettsäuren
2. Eiweißbausteine
3. Kohlenhydratbestandteile
4. Fettbestandteile
5. Vitamine
6. Hormone

161. Aufgabe

Welche Ziffern der Abbildung bezeichnen eine Verdauungsdrüse?

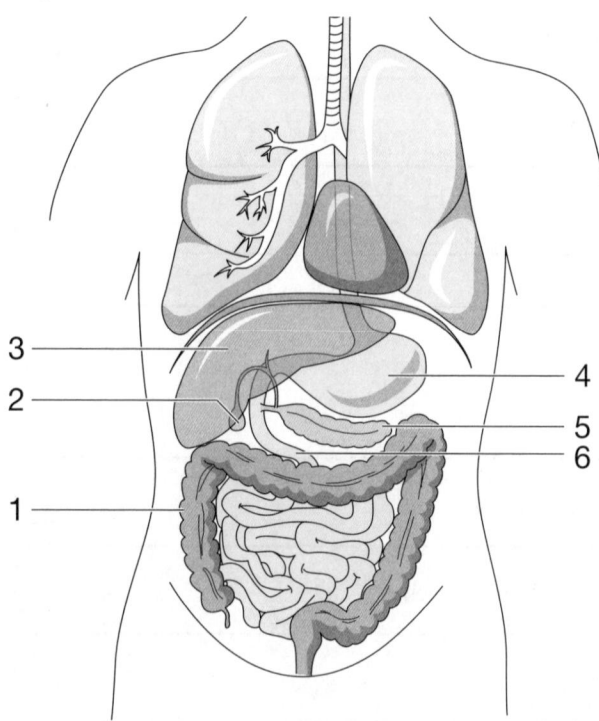

Tragen Sie die entsprechenden Kennziffern in die Kästchen ein!

162. Aufgabe

Welche Bedeutung hat die Gallenblase?

1. Fettemulgierung
2. Bildung von Gallensaft
3. Speicherung von Gallensaft
4. Abbau von Bilirubin
5. Abbau von Gallensaft
6. Eindickung des Gallensaftes

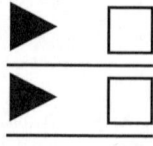

Anatomie, Physiologie und Pathologie

163. Aufgabe

Der Magen hat die Aufgabe

1. den aufbereiteten Speisebrei zu resorbieren und durch die Pfortader zur Leber zu transportieren
2. durch Pepsin die Eiweißverdauung einzuleiten
3. durch Pepsin die Fettverdauung zu beschleunigen
4. durch Pepsin die Kohlehydratverdauung weiterzuführen
5. durch Trypsin das Eiweiß aufzuspalten
6. durch Lipase die Fette zu emulgieren

164. Aufgabe

Was sind Fermente?

1. Stoffe, die täglich mit der Nahrung aufgenommen werden müssen
2. Absonderungen von Drüsen mit innerer Sekretion
3. Schlackenstoffe des Eiweißstoffwechsels
4. Biokatalysatoren
5. Abbauprodukte des Fettstoffwechsels

165. Aufgabe

Wo findet erstrangig die Resorption der Nahrungsbestandteile statt?

1. In der Mundhöhle
2. In der Speiseröhre
3. Im Magen
4. Im Dünndarm
5. Im Dickdarm
6. In der Leber

166. Aufgabe

Ikterus ist ein Krankheitssymptom bei

1. Hepatitis
2. Gastritis
3. Pankreatitis
4. Gallenwegsverschluss
5. Appendizitis

167. Aufgabe

Mit Obstipation bezeichnet man

1. eine Bauchfellentzündung
2. einen Darmverschluss
3. eine Verstopfung
4. eine Unterfunktion der Bauchspeicheldrüse
5. einen gutartigen Tumor

1.7.8 Ausscheidungsorgane

168. Aufgabe

Wo liegen die Nieren?

1. Im Thorax
2. Im hinteren Bauchraum innerhalb des Bauchfells
3. Im hinteren Bauchraum außerhalb des Bauchfells
4. Im vorderen Bauchraum
5. Im großen Becken
6. Im kleinen Becken

Anatomie, Physiologie und Pathologie

169. Aufgabe

Der Ureter verbindet:

1. Eierstock – Eileiter
2. Nierenrinde – Nierenmark
3. Nebenniere – Niere
4. Nierenbecken – Harnblase
5. Nierenkelche – Nierenbecken

---

170. Aufgabe

In welchem Abschnitt der Niere wird der Primärharn gebildet?

1. Im Nierenbecken
2. In den Nierenpapillen
3. In den Nierenkörperchen
4. In der Nierenrinde
5. Im Nierenmark

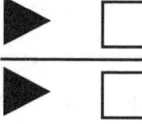

---

171. Aufgabe

Welche Aussage über den Weg des Harns von den Nierenpapillen bis zur Ausscheidung ist zutreffend?

1. Nierenbecken, Nierenkelch, Harnleiter, Harnblase, Harnröhre
2. Nebenniere, Nierenkelche, Harnblase, Harnröhre
3. Nierenbecken, Nierenkelch, Harnröhre, Harnblase, Harnleiter
4. Nierenbecken, Harnblase, Prostata, Harnröhre
5. Nierenkelch, Nierenbecken, Harnleiter, Harnblase, Harnröhre

---

172. Aufgabe

Welche Aussage über den Harnapparat ist falsch?

1. Die Bowman'schen Kapseln liegen in der Nierenrinde
2. Der Ureter verbindet Nierenbecken und Harnblase
3. Die Prostata umschließt die Harnröhre des Mannes
4. Die rechte Niere liegt im Normalfall höher als die linke Niere
5. Die Harnblase hat normal ein Fassungsvermögen von 300–500 ml

---

173. Aufgabe

Mit welchem Begriff bezeichnet man eine Harnvergiftung?

1. Haematurie
2. Pollakisurie
3. Anurie
4. Urämie
5. Polyurie

Anatomie, Physiologie und Pathologie

174. Aufgabe

Was ist eine Pyelitis?

1. Entzündung der Blasenschleimhaut
2. Harnleiterverengung
3. Erkrankung der Nierenrinde
4. Entzündung des Nierenbeckens
5. Erkrankung des Nierenmarks
6. Entzündung der Vorsteherdrüse

1.7.9 Haut- und Sinnesorgane

175. Aufgabe

Wo liegt die Ohrtrompete?

1. Zwischen Mittelohr und Innenohr
2. Zwischen Mittelohr und Gehörgang
3. Zwischen Paukenhöhle und Rachen
4. Zwischen Paukenhöhle und Warzenfortsatz
5. Zwischen Hammer und Amboss
6. Zwischen Trommelfell und ovalem Fenster

176. Aufgabe

In welchem Teil des Ohres befinden sich die schallwahrnehmenden Sinneszellen?

1. In der Paukenhöhle
2. In der Eustachischen Röhre
3. Im äußeren Gehörgang
4. In den Bogengängen
5. In den Gehörknöchelchen
6. In der Schnecke

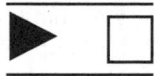

177. Aufgabe

In welchem der genannten Knochen befindet sich das Gehörorgan?

1. Scheitelbein
2. Jochbein
3. Felsenbein
4. Hinterhauptsbein
5. Schläfenbein
6. Stirnbein

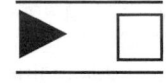

178. Aufgabe

Welche Funktion hat die Augenlinse?

1. Sie schützt den Glaskörper
2. Sie versorgt die Netzhaut
3. Sie sammelt die einfallenden Lichtstrahlen
4. Sie zerstreut die einfallenden Lichtstrahlen
5. Sie schützt die Netzhaut gegen Blendung
6. Sie verleiht dem Auge seine Farbe

179. Aufgabe

Welche Aussage ist falsch?

1. Der Glaskörper ist mit einer trüben Flüssigkeit gefüllt
2. Die Linsenkrümmung kann durch eine spezielle Muskeleinrichtung verändert werden
3. Die Pupille wird von der Iris gebildet
4. Die Retina liegt der Innenseite des Augapfels an
5. Das Auge wird von sechs Muskeln bewegt

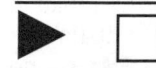

180. Aufgabe

Welcher Begriff gehört nicht zur Haut?

1. Epidermis
2. Ekzem
3. Psoriasis
4. Corium
5. Cornea

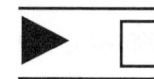

181. Aufgabe

Die Schweißdrüsen liegen –

1. zwischen Muskulatur und Knochen
2. in der Oberhaut
3. in der Magenschleimhaut
4. in der Lederhaut
5. in der Unterhaut

182. Aufgabe

Das Glaukom (grüner Star) ist eine

1. Linsentrübung
2. Farbenblindheit
3. Netzhautablösung
4. Erhöhung des Augeninnendrucks
5. Hornhautverkrümmung

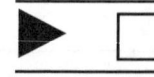

183. Aufgabe

Wie nennt man die Untersuchung, die eine Feststellung des Hörvermögens darstellt?

1. Ergometrie
2. Sonographie
3. Szintigraphie
4. Audiometrie
5. Tonometrie

184. Aufgabe

Der Fachausdruck für Mittelohrentzündung ist:

1. Otitis media
2. Rhinitis
3. Sinusitis
4. Otosklerose
5. Cerumen

Anatomie, Physiologie und Pathologie

185. Aufgabe

Welche der angeführten Erkrankungen im Bereich der Haut ist bösartig?

1. Seborrhoe
2. Exanthem
3. Naevus
4. Skabies
5. Melanom
6. Psoriasis

1.7.10 Geschlechtsorgane

186. Aufgabe

Welche Ziffer der Abbildung bezeichnet die Prostata?

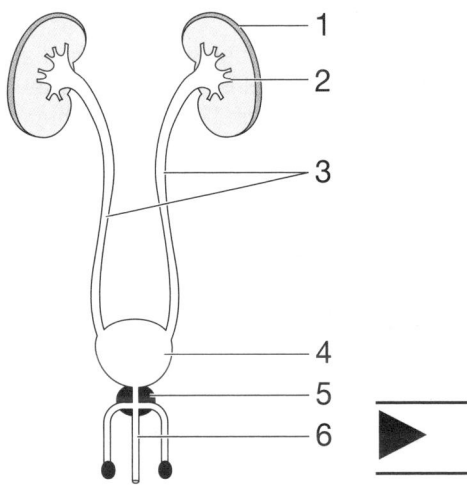

Tragen Sie die entsprechende Kennziffer in das Kästchen ein!

187. Aufgabe

Welche der folgenden Aussagen ist richtig?

1. Der Uterus liegt ventral von der Blase und dorsal vom Rectum
2. Der Uterus liegt ventral vom Rectum und dorsal von der Blase
3. Der Uterus liegt caudal vom Rectum und ventral von der Blase
4. Der Uterus liegt caudal von der Blase und dorsal vom Rectum
5. Der Uterus liegt cranial vom Rectum und caudal von der Blase

188. Aufgabe

Welche Organe liegen im Hodensack?

1. Penis
2. Hoden und Nebenhoden
3. Nebenhoden und Prostata
4. Samenbläschen und Prostata
5. Harnblase
6. Nebenhoden und Harnleiter

189. Aufgabe

Zu den Adnexen gehören

1. Vagina und Uterus
2. Uterus und Tuben
3. Ovarien und Vagina
4. Tuben und Ovarien
5. Vulva und Bartholinische Drüsen
6. Urethra und Vagina

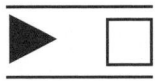

Anatomie, Physiologie und Pathologie

190. Aufgabe

Welche der folgenden Aussagen ist <u>falsch</u>?

1. Die „Antibabypille" besteht normalerweise aus Östrogen und Progesteron
2. Progesteron wird in der Hypophyse gebildet
3. Östrogen ist das wesentliche Hormon der 1. Zyklushälfte
4. Der Basaltemperaturanstieg erfolgt ca. 24 Stunden nach dem Eisprung
5. Die Hypophyse steuert übergeordnet den weiblichen Zyklus

191. Aufgabe

Welche der folgenden Aussagen ist <u>falsch</u>?

1. Die Primärfollikel sind bereits von Geburt an vorhanden
2. Der Graaf'sche Follikel ist ein Tertiärfollikel
3. Das Ei wird meistens im Uterus befruchtet
4. FSH wird aus der Hypophyse freigesetzt
5. Der Gelbkörper produziert Progesteron

192. Aufgabe

Welche der folgenden Aussagen trifft zu?

1. Der Geburtstermin wird wie folgt errechnet: 1. Tag der letzten Periodenblutung − 3 Monate + 7 Tage + 1 Jahr
2. Als Fötus bezeichnet man das heranwachsende Leben bis zur 8. Schwangerschaftswoche
3. Eine Geburt vor der 37. Schwangerschaftswoche nennt man Fehlgeburt
4. Die Austreibungsperiode im Verlauf einer Geburt dauert ca. 8 Stunden
5. Das normale Geburtsgewicht beträgt ca. 2000 Gramm

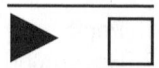

193. Aufgabe

Warum ist bei einer Prostatahypertrophie das Wasserlassen erschwert?

1. Weil die Prostata die Harnblase umschließt
2. Weil die Prostata die Harnröhre einengt
3. Weil die Prostata den Samenleiter einengt
4. Weil die Prostata die Harnbildung verhindert
5. Weil die Prostata Harnflüssigkeit resorbiert
6. Weil die Prostata auf die Harnleiter drückt

194. Aufgabe

Die Syphilis wird als Geschlechtskrankheit bezeichnet, weil die Syphilis nur die Geschlechtsorgane befällt.

1. Feststellung	2. Feststellung	Verknüpfung
1. richtig	richtig	richtig
2. richtig	richtig	falsch
3. richtig	falsch	−
4. falsch	richtig	−
5. falsch	falsch	−

Anatomie, Physiologie und Pathologie

195. Aufgabe

Ordnen Sie richtig zu, indem Sie die Kennziffern der zutreffenden Diagnosen in die Kästchen bei den entsprechenden deutschen Krankheitsbezeichnungen eintragen!

1. Adnexitis
2. Kolpitis
3. Amenorrhoe
4. Mastitis
5. Sinusitis
6. Dysmenorrhoe
7. Myom

Ausbleiben der Regelblutung ☐

Entzündung der Brustdrüse ☐

Tumor der Gebärmuttermuskulatur ☐

Scheidenentzündung ☐

1.8 Laborarbeiten

1.8.1 Grundlagen

196. Aufgabe

Welche Erläuterung für eine „Semiquantitative Bestimmung" ist zutreffend?

1. Diese Bestimmung liefert keine exakten Werte; sondern gibt nur die ungefähre Menge des nachzuweisenden Stoffes an
2. Man untersucht zunächst nur die Hälfte des angelieferten Materials und hält die andere Hälfte in Reserve, falls die Bestimmung wegen eines Fehlers wiederholt werden muss
3. Man nimmt für diese Untersuchung nur die Hälfte an Reagenzien und multipliziert dann den Wert mit 2
4. Die Bestimmung gibt die genauen Untersuchungsergebnisse an
5. Mit dieser Bestimmung wird das Vorhandensein eines Stoffes nachgewiesen

▶ ☐

197. Aufgabe

Welche Funktion hat ein Puffer?

1. Er fördert Verdauungsvorgänge
2. Er hält den pH-Wert konstant
3. Er beschleunigt chemische Reaktionen
4. Er dient zur Faktorberechnung am Fotometer
5. Er hält die Streustrahlung im Fotometer ab

▶ ☐

198. Aufgabe

Eine Säure ist

1. Eine Wasserstoff-Verbindung
2. Ein chemisches Element
3. Eine Verbindung zweier Salze
4. Eine Verbindung zweier Laugen
5. Eine Verbindung zwischen einem Salz und einer Lauge

▶ ☐

199. Aufgabe

Ein Molekül ist

1. Das kleinste Teilchen einer chemischen Verbindung
2. Der kleinste lebende Baustein des Körpers
3. Der kleinste Teil eines Elementes
4. Eine Verbindung von zwei Elementen
5. Das kleinste elektrisch geladene Teilchen

▶ ☐

200. Aufgabe

Unter Suspension versteht man:

1. Den klaren Überstand nach dem Zentrifugieren
2. Ein Gemisch aus festen und flüssigen Bestandteilen
3. Den Bodensatz, den man nach längerem Stehen des Harns erhält
4. Die festen Bestandteile, die beim Filtrieren im Filter zurückbleiben
5. Die Rückstände nach der Destillation

---

201. Aufgabe

Eine Lauge hat einen pH-Wert von

1. exakt pH 7
2. stets über pH 7
3. stets unter pH 7
4. pH 1 bis pH 14
5. zwischen pH 4 und pH 7

---

202. Aufgabe

Welche der angegebenen pH-Werte liegen im sauren Bereich?

1. pH 9,0
2. pH 4,0
3. pH 7,0
4. pH 6,9
5. pH 7,2
6. pH 8,4

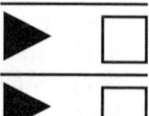

---

203. Aufgabe

Welche Flüssigkeit enthalten die Röhrchen, die zum Versenden von Gewebsproben zur histologischen Untersuchung benutzt werden?

1. 50%iger Salmiakgeist
2. Merfentinktur
3. 2%ige Sagrotanlösung
4. Aqua dest.
5. 10%ige Formalinlösung
6. 0,9%ige Kochsalzlösung

---

204. Aufgabe

Häufig muss die Arzthelferin Untersuchungsmaterial versenden.

Worauf muss sie besonders achten?

1. Die Versandröhrchen dürfen nur von der Apotheke bezogen werden
2. Das Versandröhrchen darf nur zu 2/3 gefüllt sein
3. Das Untersuchungsmaterial darf niemals von der Post befördert werden
4. Die Versandhüllen müssen besonders gekennzeichnet werden
5. Das Untersuchungsmaterial muss unbedingt vom nüchternen Patienten gewonnen werden
6. Das Blut muss vor dem Versand zentrifugiert werden
7. Urin muss immer in sterilen Röhrchen verschickt werden

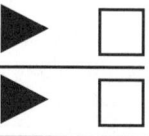

Laborarbeiten

205. Aufgabe

Ordnen Sie die hier genannten Begriffe den entsprechenden Zahlen zu!

1. Mikro
2. Dezi
3. Nano
4. Mega
5. Kilo
6. Tera
7. Milli
8. Giga
9. Zenti

10^{12} □

10^{9} □

10^{6} □

10^{3} □

10^{-1} □

10^{-2} □

10^{-3} □

10^{-6} □

10^{-9} □

206. Aufgabe

Durch welches Untersuchungsmaterial im Labor ist die Arzthelferin infektionsgefährdet?

1. Durch Fertigpack-Reagenziensätze
2. Durch vorgefertigte Reagenzienträger
3. Durch brennbare Flüssigkeiten
4. Durch jedes Untersuchungsmaterial
5. Durch Reagenziensätze
6. Durch Bakterienkulturen

▶ □
▶ □

207. Aufgabe

Warum ist das Pipettieren mit dem Mund verboten?

1. Wegen möglicher Verfälschung von Untersuchungsergebnissen bei Substratbestimmungen durch Speichelbeimengungen
2. Wegen möglicher Keimbesiedlung des Untersuchungsmaterials
3. Wegen der Infektionsgefahr
4. Wegen der Verdünnung von Blutserum durch Speichelbeimengungen
5. Wegen möglicher Luftbläschen in der zu pipettierenden Flüssigkeit

▶ □

1.8.2 Laborgeräte

208. Aufgabe

Was versteht man unter einer Pipettierhilfe?

Wählen Sie bitte unter den folgenden Aussage-kombinationen diejenige aus, die richtig ist!

A. Kolbenhubpipetten
B. Reagenzglashalter
C. Eine Auszubildende, die beim Pipettieren hilft
D. Peleusball
E. Mundstücke
F. Eine mechanische Abfülleinrichtung

1. A, B und D
2. C, D und F
3. A, D und F
4. A, B und F
5. B, C und D
6. D, E und F

▶ □

209. Aufgabe

Welche Einstellung des Meniskus ist bei dem abgebildeten Teil der Messpipette richtig?

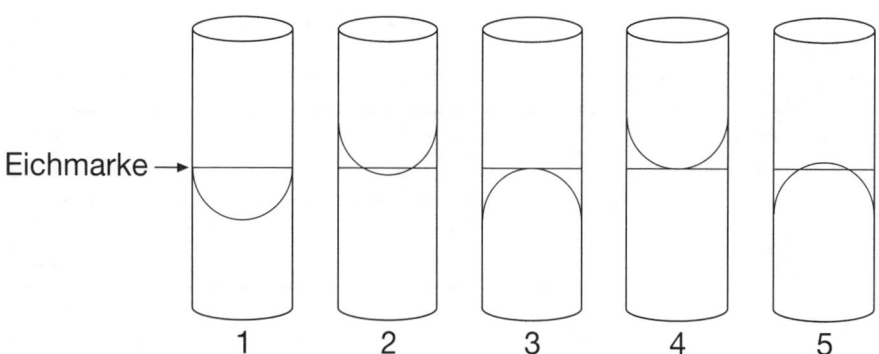

Eichmarke →

1   2   3   4   5

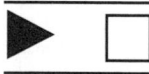

210. Aufgabe

Eine Vollpipette ist erkennbar:

1. An nur einer bzw. zwei Eichmarken
2. An der durchlaufenden Graduierung
3. An der Länge der Spitze
4. An der bauchigen Auftreibung der Pipette
5. An der bauchigen Auftreibung, die eine rote oder weiße Kugel enthält

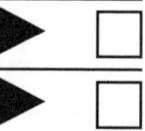

211. Aufgabe

Ex-Pipetten

1. sind Pipetten, bei denen der in der Pipettenspitze verbleibende Rest das auf der Pipette angegebene Volumen umfasst
2. sind Pipetten, bei denen man den Pipetteninhalt auslaufen lässt und mit der vorgelegten Flüssigkeit die Reste des Pipetteninhalts ausspült
3. dienen der Erythrozyten- und Leukozytenzählung
4. haben durch ihr enges Lumen die Fähigkeit, das Blut selbstständig aufzusaugen
5. sind Pipetten, bei denen man den Pipetteninhalt auslaufen lässt und den in der Spitze verbleibenden Rest mit einer Pipettierhilfe ausbläst

212. Aufgabe

Welche Pipette gehört zu den Inpipetten?

1. Senkungspipette
2. Tropfpipette
3. Einmalkapillare
4. Messpipette
5. Mischpipette

213. Aufgabe

Ordnen Sie den genannten Laborgefäßen die richtigen Abbildungen zu!

Erlenmeyerkolben ☐

Messzylinder ☐

Messbecher ☐

Messkolben ☐

Blockschälchen ☐

Petrischale ☐

Küvette ☐

| 1 | 2 | 3 | 4 | 5 | 6 | 7 |

214. Aufgabe

In welcher Reihenfolge werden die zum Reinigen von Pipetten benötigten Flüssigkeiten angewendet?

1. Spüllösung – Aqua dest. – Leitungswasser
2. Aqua dest. – Spüllösung – Leitungswasser
3. Leitungswasser – Spüllösung – Aqua dest.
4. Spüllösung – Leitungswasser – Aqua dest.
5. Aqua dest. – Leitungswasser – Spüllösung

▶ ☐

215. Aufgabe

Zu welcher Pipettenart gehören die genannten Pipetten? Ordnen Sie bitte zu!

1. Expipette
2. Inpipette
3. Mischpipette

Messpipette ☐

Erythrozytenpipette ☐

Vollpipette ☐

Leukozytenpipette ☐

Kapillare ☐

216. Aufgabe

Warum ist das Nachspülen von Pipetten mit Aqua dest. notwendig?

1. Um die Pipetten schneller zu trocknen
2. Um Rückstände von Leitungswasser zu beseitigen
3. Um Rückstände von Reinigungsmitteln zu beseitigen
4. Um Rückstände von Reagenzien zu beseitigen
5. Um Serumreste zu beseitigen
6. Um Blutreste zu beseitigen

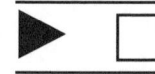

217. Aufgabe

Im Labor wird eine Wasserstrahlpumpe eingesetzt. Wozu wird sie verwendet?

1. Zum Durchspülen und Vortrocknen von Pipetten
2. Zur Umlaufkühlung im Fotometer
3. Zum Kühlen von wärmeempfindlichen Analysenansätzen
4. Zum Abfüllen von Lösungen in enghalsige Gefäße
5. Zum Herstellen von Lösungen

218. Aufgabe

Im Durchlichtmikroskop nimmt das Licht folgenden Weg:

1. Lichtquelle – Tubus – Objektiv – Kondensor – Okular
2. Lichtquelle – Kondensor – Objektiv – Tubus – Okular
3. Lichtquelle – Kondensor – Tubus – Objektiv – Okular
4. Lichtquelle – Kondensor – Okular – Tubus – Objektiv
5. Lichtquelle – Okular – Kondensor – Tubus – Objektiv

219. Aufgabe

Welche Teile des Mikroskopes sind für die Vergrößerung des Objektes verantwortlich?

1. Okular und Tubus
2. Okular und Kondensor
3. Okular und Objektiv
4. Objektiv und Kondensor
5. Objektiv und Tubus
6. Tubus und Kondensor

220. Aufgabe

Durch welchen der genannten Bauteile blickt man ins Mikroskop?

1. Okular
2. Tubus
3. Objektiv
4. Blende
5. Kondensor

221. Aufgabe

Wie stark vergrößert das Mikroskop, wenn Sie mit dem Objektiv 100 : 1 und dem Okular 10 : 1 arbeiten?

1.	10-fach
2.	90-fach
3.	100-fach
4.	110-fach
5.	1000-fach

Laborarbeiten

222. Aufgabe

Warum müssen Newton'sche Ringe beim Auflegen des Deckgläschens auf der Zählkammer sichtbar sein?

1. Damit die Zellen nicht wegschwimmen
2. Damit der 1/10 mm tiefe Hohlraum entsteht
3. Damit die Zählkammer von Kratzern verschont bleibt
4. Damit die Breite von 1 mm entsteht
5. Damit man sieht, ob die Zählkammer sauber ist

223. Aufgabe

Welche Kriterien sind bei der Benutzung einer Zentrifuge zu beachten?

1. Die Winkelstellung der Schleuderhülsen
2. Die Umdrehungszahl
3. Die Zeit des Zentrifugierens
4. Die ungleichmäßige Füllung der Zentrifugengläschen
5. Das vorsichtige Abbremsen der Zentrifuge mit der Hand

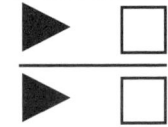

224. Aufgabe

Wonach richten sich die Einstellung der Zeit und der Umdrehungszahl einer Zentrifuge?

1. Nach der höchstmöglichen Umdrehungszahl
2. Nach der Art des Untersuchungsmaterials
3. Nach der Zahl der eingehängten Untersuchungsröhrchen
4. Nach der Anordnung der Schleuderhülsen in der Zentrifuge
5. Nach der Verwendung von Glas- oder Plastikzentrifugenröhrchen
6. Nach der Zentrifugierzeit

225. Aufgabe

Die Extinktion ist ein Zahlenwert,

1. der von der Farbintensität einer zu messenden Lösung abhängig ist
2. der zur Berechnung der Wellenlänge des Lichtes dient
3. der zur Temperaturmessung im Fotometer dient
4. der die Netzspannung des Fotometers anzeigt
5. der die Restlichtmenge angibt, die auf die Fotozelle auftrifft

226. Aufgabe

Was versteht man bei der Fotometrie unter „Absorption"?

1. Den Verlust von Licht beim Durchtritt durch die Messflüssigkeit
2. Den Restanteil des durch die Messflüssigkeit hindurchgetretenen Lichtes
3. Die Restlichtmenge nach Durchtritt durch das Filter
4. Die von der Fotozelle registrierte Restlichtmenge
5. Die von der Lichtquelle ausgesandte Lichtmenge
6. Den von einem Monochromator abgelenkten Lichtstrahl

227. Aufgabe

Wozu wird ein Fotometer benutzt?

1. Zur Verstärkung der Farbintensität in der Messküvette
2. Zur Bestimmung des in der Messküvette absorbierten Lichtes
3. Zur Messung des polychromatischen Lichtes
4. Zur Reinigung von Küvetten mit Ultraschall
5. Zur Messung der Temperatur in der Küvette

228. Aufgabe

Ordnen Sie den Bauteilen des Fotometers ihre entsprechende Funktion zu!

1. Umwandlung des polychromatischen Lichtes zu monochromatischem Licht
2. Abhalten der Streustrahlung
3. Messung der geringen Stromstärke
4. Umwandlung von Lichtenergie in elektrische Energie
5. Gefäß enthält die zu messende Flüssigkeit
6. Erzeugung von polychromatischem Licht

Fotozelle	☐
Quecksilberdampflampe	☐
Küvette	☐
Galvanometer	☐
Filter	☐
Blende	☐

229. Aufgabe

Was bedeutet bei der photometrischen Hb-Bestimmung ein höherer Extinktionswert?
Wenn keine der Antworten 1–4 richtig ist, 5 ankreuzen!

1. Es fällt weniger Licht auf die Fotozelle, weil die Hb-Konzentration der Lösung geringer ist
2. Es fällt weniger Licht auf die Fotozelle, weil die Hb-Konzentration der Lösung in der Küvette höher ist
3. Es fällt mehr Licht auf die Fotozelle, weil die Hb-Konzentration der Lösung in der Küvette geringer ist
4. Es fällt mehr Licht auf die Fotozelle, weil die Hb-Konzentration der Lösung in der Küvette höher ist
5. Keine der Antworten ist richtig

▶ ☐

1.8.3 Urin- und Stuhluntersuchungen

230. Aufgabe

Welche Urinmenge scheidet der Mensch bei normaler Flüssigkeitszufuhr von 2–3 l in 24 Stunden aus?

1. < 200 ml
2. 200– 500 ml
3. 500–1 000 ml
4. 1–2 l
5. 2–3 l

▶ ☐

231. Aufgabe

Welche Farbe hat der Urin bei einer Leber- und Gallenerkrankung?

1. Goldgelb
2. Rotbraun
3. Bierbraun
4. Grünlichgelb
5. Fleischwasserfarben
6. Rosa

▶ ☐

232. Aufgabe

Wozu verwendet man ein Urometer im Labor?

1. Zur Messung der Urintemperatur
2. Zur Bestimmung der Dichte des Urins
3. Zur Bestimmung der Eiweißkonzentration des Urins
4. Zur Messung der Zuckerkonzentration im Urin
5. Zur pH-Messung des Urins

233. Aufgabe

Welche Dichte des Harns ist zu erwarten? Ordnen Sie zu!

1. < 1012
2. 1012–1025
3. > 1030

Bei Proteinurie

Bei Flüssigkeitszufuhr von mehr als 3 Liter pro Tag beim Gesunden

Bei starken Durchfällen

Beim Gesunden bei normaler Flüssigkeitszufuhr

Bei hohem Fieber

Nach Einnahme von harntreibenden Medikamenten

Bei Ausscheiden von Oxalaten

Bei Glukosurie

Bei Leucozyturie

234. Aufgabe

Das spezifische Gewicht des Urins ist abhängig von:

1. Der Fettverdauung
2. Der Farbe des Urins
3. Der Art der Konservierung des Urins
4. Der Anzahl der gelösten Teilchen im Urin
5. Der Größe des Messgefäßes
6. Der Temperatur des Urins

235. Aufgabe

Worauf müssen Sie bei der Handhabung von Harnteststreifen achten?

1. Der Teststreifen muss 1 Minute in den Harn getaucht werden
2. Auch Randverfärbungen gelten als positiv
3. Der Urin muss kurz vor dem Test gut gemischt werden
4. Für alle Harntests gilt eine Reaktionszeit von 1 Minute
5. Der Harn muss nach der Miktion sofort zentrifugiert werden

236. Aufgabe

Wovon ist der pH-Wert des Urins abhängig?

1. Von ausreichendem Schlaf
2. Vom Körpergewicht
3. Von der körperlichen Arbeit
4. Von der Nahrung
5. Von der Flüssigkeitszufuhr in 24 Stunden

237. Aufgabe

Der Harntest auf Glukose mit Teststreifen fällt falsch positiv aus. Was ist die Ursache?

1. Das Uringefäß enthält Reste von Desinfektionsmitteln
2. Der pH des Urins liegt im alkalischen Bereich
3. Der Nitritnachweis ist positiv
4. Die Verweildauer des Harns in der Blase beträgt mehr als 3 Stunden
5. Der Urin enthält Blut
6. Der Urin enthält Aceton durch eine sog. „Nulldiät"

238. Aufgabe

Welche Tests des „Combur 10" können bei einem Diabetiker positiv ausfallen und müssen daher regelmäßig überprüft werden?

1. Dichte
2. Leucozyten
3. Nitrit
4. pH
5. Eiweiß
6. Glukose
7. Aceton
8. Bilirubin
9. Urobilinogen
10. Blut

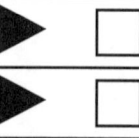

239. Aufgabe

Wodurch kann der Harntest auf Nitrit mit Teststreifen falsch negativ werden?

1. Durch alkalischen Harn
2. Durch sauren Harn
3. Durch stark bilirubinhaltigen Harn
4. Durch Verweildauer des Harns in der Blase < 4 Stunden
5. Durch Untersuchung des Harns nach gemüsehaltiger Nahrung

240. Aufgabe

Unter welchen Umständen fällt der Nitrittest mit Teststreifen negativ aus, obwohl Bakterien im Harnsediment sicher nachgewiesen wurden?

1. Der pH des Harns liegt im sauren Bereich
2. Der Harn wird innerhalb von 4 Stunden getestet
3. Morgenurin wird untersucht
4. Der Patient hat am Vortag kein Gemüse gegessen
5. Die Verweildauer des Harns in der Blase betrug mehr als 4 Stunden
6. Es handelt sich um Bakterien, die kein Nitrit bilden
7. Es wird Mittelstrahlurin getestet

Laborarbeiten

241. Aufgabe

Welche Faktoren sind ausschlaggebend für eine richtige Keimzahlbestimmung im Harn mit dem „Uricult"?

1. Der Uricult muss bei Raumtemperatur bebrütet weiden
2. Es genügt ein unsteriles Gefäß zum Auffangen des Harns
3. Es muss nachgewiesen werden, dass keine antibakteriellen Stoffe im Harn sind
4. Jeder Tagesurin kommt für die Keimzahlbestimmung infrage
5. Die Bebrütung sollte möglichst innerhalb von 2 Stunden nach der Miktion erfolgen
6. Der Uricult darf nicht als Transportgefäß verwendet werden
7. Eine Bebrütungszeit von 12 Stunden ist voll ausreichend

242. Aufgabe

Welcher der aufgeführten Gallenfarbstoffe ist ein normaler Harnbestandteil und ist mit den üblichen Teststreifen-methoden nachweisbar?

1. Bilirubin
2. Stercobilinogen
3. Stercobilin
4. Urobilinogen
5. Urobilin

243. Aufgabe

Die Ausscheidung von Aceton im Harn erfolgt:

1. Bei alimentärer Glucosurie
2. Vorwiegend bei sog. Altersdiabetes
3. Beim Coma diabeticum
4. Häufig im Hungerzustand
5. Immer beim manifesten Diabetes
6. Beim hypoglycaemischen Schock

244. Aufgabe

Wie fertigt man ein Harnsediment?

1. Man zentrifugiert den Urin bei höherer Tourenzahl 15 Minuten bei 3000 Umdrehungen pro Minute. Abschütten des überstehenden Urins, Resuspendieren des Niederschlags und Übertragen eines Tropfens auf den Objektträger
2. Man zentrifugiert den Urin bei höherer Tourenzahl (3 Minuten bei 3000 Umdrehungen pro Minute). Abschütten des überstehenden Urins, Resuspendieren des Niederschlags und Übertragen eines Tropfens auf den Objektträger
3. Man zentrifugiert den Urin bei mittlerer Tourenzahl der Zentrifuge (5 Minuten bei 1500 Umdrehungen pro Minute). Abschütten des überstehenden Urins, Resuspendieren des Niederschlags und Übertragen eines Tropfens auf den Objektträger
4. Man filtriert den Urin durch ein Kohlefilter und überträgt einen Tropfen des durchgelaufenen Urins auf einen Objektträger
5. Man filtert den Harn durch ein Faltenfilter und überträgt einen Tropfen des durchgelaufenen Urins auf einen Objektträger

245. Aufgabe

Mit welcher Mikroskopeinstellung beurteilen Sie ein Urinsediment?

1. Kondensorstellung unten
2. Kondensorstellung oben
3. Blende offen
4. Blende geschlossen
5. Gesamtvergrößerung 100fach
6. Gesamtvergrößerung 400fach
7. Gesamtvergrößerung 1000fach

246. Aufgabe

Mit welchen Zellen können Erythrocyten im Harnsediment verwechselt werden?

1. Hefezellen
2. Bakterien
3. Verfetteten Leukozyten
4. Blasenepithelien
5. Nierenepithelien
6. Leukozyten

247. Aufgabe

Welche Harnzylinder können im Mikroskop leicht übersehen werden?

1. Zylindroide
2. Hyaline Zylinder
3. Wachszylinder
4. Granulierte Zylinder
5. Erythrozytenzylinder
6. Leukozytenzylinder

248. Aufgabe

Welche Urinkristalle haben Briefkuvertform?

1. Tripelphosphate
2. Harnsäure
3. Cholesterin
4. Calciumoxalate
5. Leucin
6. Cystin

249. Aufgabe

Wie viele Erythrocyten dürfen normalerweise pro Gesichtsfeld im Urinsediment sein?

1. 0– 1
2. 5– 8
3. 8–10
4. 10–15
5. bis 30

250. Aufgabe

Woraus bestehen granulierte Zylinder?

1. Aus degenerierten Übergangsepithelien
2. Aus Eiweiß
3. Aus Uraten
4. Aus Phosphaten
5. Aus Plattenepithelien
6. Aus Zellresten der Nierenepithelien
7. Aus Leucozyten
8. Aus Erythrozyten

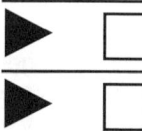

Laborarbeiten

251. Aufgabe

Worauf muss der Patient bei der Ernährung achten, damit man den Blutnachweis im Stuhl durchführen kann?

1. Vermeidung von fetthaltiger Nahrung
2. Vermeidung von süßen Speisen
3. Vermeidung von rohen oder halbrohen Fleischspeisen
4. Vermeidung von Nüssen
5. Vermeidung von Vitamin-C-haltigen Medikamenten
6. Vermeidung von alkoholischen Getränken
7. Vermeidung von Brot- und Backwaren
8. Vermeidung von kohlenhydratreicher Nahrung

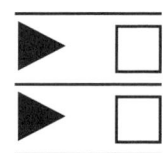

2 Wirtschaftskundlicher Teil

2.1 Wirtschafts- und Sozialkunde

2.1.1 Berufsausbildung/Rechte der Arzthelferin

252. Aufgabe

Auf welchem Gesetz beruhen Berufsausbildungsverträge?

1. Handelsgesetzbuch
2. Bürgerliches Gesetzbuch
3. Bundesausbildungsförderungsgesetz
4. Berufsbildungsgesetz
5. Jugendarbeitsschutzgesetz
6. Arbeitszeitgesetz

253. Aufgabe

Welches Gesetz enthält wichtige Bestimmungen über berufliche Fortbildung und berufliche Umschulung?

1. Das Berufsbildungsgesetz
2. Das Jugendarbeitsschutzgesetz
3. Das Jugendschutzgesetz
4. Das Arbeitszeitgesetz
5. Das Bundesurlaubsgesetz

254. Aufgabe

Welche Pflicht hat eine Auszubildende nach dem Berufsbildungsgesetz?

1. Sie muss sich zu Beginn und nach Ablauf der Ausbildung ärztlich untersuchen lassen
2. Sie muss in jedem Fall die im Ausbildungsvertrag festgelegte Ausbildungsdauer einhalten und kann somit vor Ablauf des Ausbildungsverhältnisses nicht kündigen
3. Sie muss an Ausbildungsmaßnahmen teilnehmen, für die sie freigestellt wird
4. Sie muss alle ihr übertragenen Verrichtungen ausführen, auch wenn sie dem Ausbildungszweck nicht dienlich und ihren körperlichen Kräften unangemessen sind
5. Sie muss bei Weisung des Ausbilders die Kosten für Ausbildungsmittel übernehmen

255. Aufgabe

Im Berufsbildungsgesetz ist von einer „zuständigen Stelle" die Rede.

Welche ist das für Arzthelferinnen?

1. Amt für Arbeitsschutz
2. Berufsschule
3. Gewerkschaft
4. Ärztekammer
5. Verband der weiblichen Angestellten e. V.
6. Arbeitsgericht

256. Aufgabe

Eine Auszubildende beabsichtigt, nach Beendigung ihrer vertraglichen Ausbildungszeit in einem anderen Betrieb zu arbeiten. Wann und in welcher Form muss sie kündigen?

1. Unverzüglich nach erfolgreichem Bestehen des mündlichen Teils der Abschlussprüfung
2. Spätestens 3 Monate vor Ablauf des Berufsausbildungsvertrages (schriftlich)
3. Spätestens 3 Monate vor Ablauf des Berufsausbildungsvertrages (mündlich)
4. 4 Wochen vor Monatsende (schriftlich)
5. Eine Kündigung entfällt, weil das Berufsausbildungsverhältnis mit dem Ablauf der Ausbildungszeit endet

257. Aufgabe

Im Angestelltenvertrag einer Arzthelferin wurden über die Kündigungsfrist keine besonderen Vereinbarungen getroffen. Welche Regelung gilt beim Arzt für die Kündigungsfrist, wenn sie nach Vollendung des 25. Lebensjahres sechs Jahre angestellt war?

1. 6 Wochen zum Quartalsende
2. 4 Wochen zum Monatsende
3. 2 Monate zum Monatsende
4. 8 Wochen zum Monatsende

258. Aufgabe

In welchen Fällen haftet eine ausgelernte Arzthelferin für einen angerichteten Schaden in der Praxis gegenüber ihrem Chef selbst?

1. Die Helferin haftet grundsätzlich für von ihr in der Praxis begangene Fehler
2. Die Helferin haftet nur dann, wenn sie grob fahrlässig gearbeitet oder Anweisungen des Praxisinhabers nicht beachtet hat
3. In allen Fällen haftet der Praxisinhaber für die von der Helferin begangenen Fehler
4. Alle von der Helferin angerichteten Schäden werden durch die Praxishaftpflichtversicherung abgedeckt

259. Aufgabe

In welchem Fall ist die Helferin von ihrer Schweigepflicht entbunden?

1. Wenn es sich um Privatangelegenheiten des Praxisinhabers handelt
2. Nach dem Tod des Patienten
3. Wenn sie Wahrnehmungen macht, die mit der eigentlichen Behandlung nicht im Zusammenhang stehen
4. Wenn sie im Verdacht einer mit der Behandlung in Zusammenhang stehenden Straftat steht

260. Aufgabe

Es gibt Situationen für einen Arzt, wo Auskünfte erteilt werden dürfen, ohne dass der Patient den Arzt ausdrücklich von seiner Schweigepflicht entbindet. Wann ist dies der Fall?

1. Wenn der Arbeitgeber nach der Krankheit seines Beschäftigten fragt
2. Wenn Familienangehörige über die Krankheit der Verwandten informiert werden wollen
3. Wenn die gesetzlichen Krankenkassen Auskunft über die Krankheit ihrer Versicherten verlangen
4. Wenn Lebensversicherungen Auskünfte über frühere Behandlungsmaßnahmen ihrer Antragsteller wünschen
5. Wenn eine Polizeibehörde Auskunft über einen Patienten haben möchte
6. Wenn ein Ausbildender über die Erkrankung seiner Auszubildenden informiert werden möchte

261. Aufgabe

Ordnen Sie die Kennzeichnungen den Begriffen zu!

1. Vereinbarung zwischen Gewerkschaft und Arbeitgebervereinigung
2. Vereinbarung zwischen dem einzelnen Arbeitgeber und dem einzelnen Arbeitnehmer
3. Vereinbarung zwischen dem einzelnen Unternehmer und seinem Betriebsrat

Dienst- oder Arbeitsvertrag ☐

Betriebsvereinbarung ☐

Tarifvertrag ☐

262. Aufgabe

Eine Arzthelferin will ihr seit Jahresbeginn bestehendes Arbeitsverhältnis am 30. September beenden, um am 1. Oktober eine neue Stelle anzutreten.

Wann muss ihr Kündigungsschreiben spätestens zugegangen sein, wenn die gesetzliche Kündigungsfrist gilt?

1. 15. August
2. 31. August
3. 18. August
4. 30. Juni
5.   2. September
6. 16. September
7. 31. Juli
8. 15. September

▶ ☐

---

263. Aufgabe

In welchem Gesetz wird die Zusammenarbeit von Arbeitnehmer- und Arbeitgebervereinigungen zur Wahrung und Förderung der Arbeits- und Wirtschaftsbedingungen geregelt?

1. Grundgesetz
2. Lohnfortzahlungsgesetz
3. Betriebsverfassungsgesetz
4. Tarifvertragsgesetz
5. Mitbestimmungsgesetz

▶ ☐

---

264. Aufgabe

Im Arbeitsrecht unterscheidet man zwischen:

1. Individualarbeitsrecht
2. Kollektivarbeitsrecht

Ordnen Sie die folgenden Gebiete richtig zu!

Tarifvertrag ☐

Betriebsvereinbarung ☐

Anstellungsvertrag ☐

Arbeitszeitgesetz ☐

---

265. Aufgabe

Für welche Streitigkeiten ist das Arbeitsgericht zuständig?

1. Bei Streitigkeiten wegen eines Rentenanspruchs
2. Bei Streitigkeiten zwischen Arbeitgeber und Arbeitnehmer über die Vergütung
3. Bei Streitigkeiten wegen Nichterteilung einer Baugenehmigung durch die Baubehörde
4. Bei Streitigkeiten wegen einer fristlosen Entlassung
5. Bei Streitigkeiten zwischen Arbeitgeberverbänden und Gewerkschaften wegen Nichteinhaltung eines Tarifvertrages
6. Bei Streitigkeiten mit der Berufsgenossenschaft wegen eines Anspruchs aus einem Arbeitsunfall

▶ ☐
▶ ☐
▶ ☐

266. Aufgabe

In welcher Zeit kann eine Helferin aufgrund des Mutterschutzgesetzes nicht gekündigt werden?

1. Während der ersten drei Schwangerschaftsmonate und 8 Wochen nach der Entbindung
2. Nach dem dritten Monat der Schwangerschaft bis zum Ende von 6 Monaten nach der Entbindung
3. Während der Schwangerschaft und bis zum Ablauf von 4 Monaten nach der Entbindung
4. Während der letzten Schwangerschaftsmonate und in den ersten 3 Monaten nach der Entbindung
5. Während der letzten 6 Wochen der Schwangerschaft und 8 Wochen danach
6. Einer Schwangeren kann stets gekündigt werden, wenn die soziale Lage ihrer Familie das zulässt

▶ ☐

267. Aufgabe

Welcher Grundsatz gilt bei der ärztlichen Behandlung?

1. Der Arzt muss den Patienten über Zweck und Notwendigkeit der Behandlung aufklären
2. Der Arzt ist nur zur Aufklärung verpflichtet, wenn der Patient ausdrücklich danach fragt
3. Es steht grundsätzlich im Ermessen des behandelnden Arztes, ob er den Patienten über die Behandlung aufklären will
4. Der Arzt ist nur volljährigen Personen gegenüber verpflichtet, sie über die Dauer der Behandlung aufzuklären

▶ ☐

268. Aufgabe

Ein minderjähriger Patient muss sich einer operativen Behandlung unterziehen. Welche Aussage ist richtig?

1. Der Patient entscheidet selbst, ob die Operation durchgeführt werden soll
2. Vor der Operation ist die Einwilligung der Eltern bzw. Erziehungsberechtigten einzuholen
3. Der Arzt entscheidet nach eigenem Ermessen, ob die Operation durchgeführt werden soll
4. Es genügt, wenn sich Arzt und Patient über die Notwendigkeit des operativen Eingriffs einig sind

▶ ☐

269. Aufgabe

Eine Helferin, 18 Jahre alt, unterschreibt Schriftstücke in der Praxis. Welche Aussage trifft zu?

1. Die Unterschriften sind ungültig, da die Helferin noch nicht volljährig ist
2. Die Unterschriften sind ungültig, solange nicht vom Gericht eine Vollmacht erteilt wurde
3. Die Unterschriften sind nur gültig, wenn die Eltern der Unterschriftsleistung schriftlich zugestimmt haben
4. Die Unterschriften sind nur gültig, wenn eine Artvollmacht durch den Arzt vorliegt

▶ ☐

2.1.2 Soziale Sicherung

270. Aufgabe

Die deutsche Sozialversicherung ist durch unterschiedliche Versicherungsträger gekennzeichnet, die als Körperschaften des öffentlichen Rechts finanziell und organisatorisch selbstständig sind (Recht auf Selbstverwaltung).

Ordnen Sie die Versicherungs- bzw. Aufgabenbereiche den Versicherungsträgern zu!

1. Rentenversicherung
2. Arbeitsförderung
3. Unfallversicherung
4. Krankenversicherung
5. Altershilfe für Landwirte

Krankenkassen ☐

Berufsgenossenschaften ☐

Versicherungsanstalten ☐

Bundesanstalt für Arbeit ☐

Landwirtschaftliche Berufsgenossenschaften ☐

271. Aufgabe

Die einzelnen Zweige der Sozialversicherung wurden zwischen 1883 und 1927 eingeführt. In der Reihenfolge der Einführung spiegelt sich die Einschätzung der Vorrangigkeit bestimmter Zweige wider.

Bringen Sie die Einführung der Sozialversicherungszweige in die geschichtlich richtige Reihenfolge!

Unfallversicherung	☐
Krankenversicherung	☐
Arbeitslosenversicherung	☐
Invaliditäts- und Altersversorgung	☐

272. Aufgabe

Was versteht man unter „Ersatzkasse"?

1. Eine Versicherung mit gleichen Aufgaben wie die Bundesversicherungsanstalt
2. Eine Krankenkasse, die als Ersatz für die Allgemeine Ortskrankenkasse anerkannt ist
3. Eine Krankenkasse, die nur Betriebsangehörige aufnimmt, die sich noch in der Ausbildung oder Umschulung befinden
4. Eine Kasse, die nur Arztrechnungen und Arzneikosten, jedoch keine Krankenhauskosten ersetzt
5. Eine Versicherungsanstalt, die alle Kosten bei Unfällen ersetzt
6. Eine Haftpflichtversicherung für Arbeitnehmer

▶ ☐

273. Aufgabe

Wo kann der Arbeitnehmer gegen Krankheit pflichtversichert werden?

1. Bei einer Ersatzkasse
2. Bei einer Berufsgenossenschaft
3. Bei einer Allgemeinen Orts- und Landkrankenkasse
4. Bei einer Betriebskrankenkasse
5. Bei jeder privaten Krankenversicherung
6. Bei der Bundesversicherungsanstalt

▶ ☐
▶ ☐
▶ ☐

274. Aufgabe

Welche Beiträge werden dem versicherungspflichtigen Angestellten nicht vom Gehalt abgezogen?

1. Beiträge zur Krankenversicherung
2. Beiträge zur Rentenversicherung
3. Beiträge zur gesetzlichen Unfallversicherung
4. Beiträge zur Arbeitslosenversicherung
5. Beiträge zur Kraftfahrzeughaftpflichtversicherung

▶ ☐
▶ ☐

275. Aufgabe

Welche Berufsgruppen sind ohne Rücksicht auf ihr Einkommen krankenversicherungspflichtig?

1. Beamte
2. Angestellte
3. Landwirte
4. Geschäftsinhaber
5. Arbeiter
6. Auszubildende

▶ ☐
▶ ☐

276. Aufgabe

An wen muss der Arbeitgeber die Beiträge zur Arbeitslosenversicherung abführen?

1. Versicherungsamt bei der Stadtverwaltung bzw. Kreisamt
2. Bundesversicherungsanstalt für Angestellte
3. Bundesanstalt für Arbeit
4. Berufsgenossenschaft
5. Zuständige Krankenkasse
6. Landesversicherungsanstalt

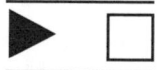

277. Aufgabe

Jeder Arbeitnehmer hat dem Arbeitgeber bei Beginn der Beschäftigung den Sozialversicherungsausweis vorzulegen.

Wer stellt diesen Ausweis aus?

1. Die Bundesversicherungsanstalt für Angestellte
2. Die Allgemeine Ortskrankenkasse
3. Die Bundesanstalt für Arbeit
4. Die Ersatzkasse
5. Die Berufsgenossenschaft
6. Die Landesversicherungsanstalt

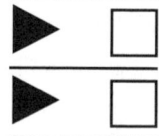

278. Aufgabe

Wer zahlt die Beiträge zur gesetzlichen Unfallversicherung?

1. Der Arbeitgeber
2. Der Arbeitnehmer
3. 1/2 der Arbeitgeber, 1/2 der Arbeitnehmer
4. Die Berufsgenossenschaft
5. Die Gewerkschaft
6. Der Arbeitgeberverband

279. Aufgabe

An wen muss der Arbeitgeber die Beiträge zur Rentenversicherung abführen?

1. Gesetzliche Krankenkasse
2. Bundesversicherungsanstalt
3. Bundesanstalt für Arbeit
4. Berufsgenossenschaft
5. Arbeitsamt
6. Finanzamt

280. Aufgabe

Ein Mitarbeiter muss heute wegen eines Herzanfalls ins Krankenhaus eingeliefert werden.

Wie lange hat er Anspruch auf Entgeltfortzahlung durch den Arbeitgeber?

1. 3 Tage
2. 7 Tage
3. 6 Wochen
4. 3 Monate
5. Das hängt von der Dauer der Betriebszugehörigkeit ab
6. Die Gehaltszahlung wird sogleich eingestellt, weil die Krankenkasse bei Krankenhausaufenthalt sofort Krankengeld zahlen muss

281. Aufgabe

Ein Angestellter rutscht auf dem Weg zur Arbeit infolge Glatteis aus und zerreißt dabei seine Hose. Ersetzt die Berufsgenossenschaft den Schaden an der Hose?

1. Nein, sie ersetzt nur Personenschäden
2. Ja, sie ersetzt Personenschäden und Sachschäden
3. Nein, sie ersetzt nur Sachschäden, die im Betrieb entstehen
4. Nein, der Arbeitgeber muss diesen Schaden ersetzen
5. Ja, wenn es sich um Arbeitskleidung handelt
6. Das hängt von der Höhe des Einkommens ab

282. Aufgabe

Wer stellt den Sozialversicherungsausweis der Arzthelferin aus?

1. Die gesetzliche Krankenkasse
2. Der Arbeitgeber
3. Das Arbeitsamt
4. Die Bundesversicherungsanstalt für Angestellte
5. Die Berufsgenossenschaft

283. Aufgabe

Zu den wichtigsten Leistungen der Rentenversicherung gehört die Altersrente. Von welchem Alter an wird diese bei weiblichen Arbeitnehmern in der Regel gewährt?

1. 65 Jahre
2. 62 Jahre
3. 60 Jahre
4. 58 Jahre
5. 55 Jahre

284. Aufgabe

Für welche Versicherung gelten die Entgeltbescheinigungen des Arbeitgebers?

1. Krankenversicherung
2. Arbeitslosenversicherung
3. Haftpflichtversicherung
4. Unfallversicherung
5. Rentenversicherung
6. Rechtsschutzversicherung

285. Aufgabe

Welche Aussage zur Arbeitslosenversicherung trifft zu?

1. Die Arbeitslosenversicherung zahlt Arbeitslosengeld an alle Personen, die arbeitslos sind
2. Die Arbeitslosenversicherung zahlt unbegrenzt Arbeitslosengeld
3. Jeder Auszubildende hat Anspruch auf Arbeitslosengeld, wenn er nach einer ordnungsgemäßen Ausbildung keine Arbeit bekommt
4. Die Arbeitslosenversicherung zahlt Kurzarbeitergeld an die Angestellten, die vorübergehend täglich 1 Stunde weniger arbeiten
5. Schlechtwettergeld bekommen alle Arbeiter als Zulage, die während der Wintermonate im Freien arbeiten
6. Die Arbeitslosenversicherung trägt medizinische Rehabilitationsmaßnahmen, um den Arbeitslosen wieder in den Arbeitsprozess eingliedern zu können

286. Aufgabe

Welche Leistungen gehören zur Arbeitslosenversicherung?

1. Altersruhegeld
2. Schlechtwettergeld
3. Mutterschaftsgeld
4. Arbeitslosengeld
5. Sterbegeld
6. Kurzarbeitergeld

287. Aufgabe

Warum gehören Leistungen, für die ein Träger der Unfall-, der Rentenversicherung oder der Sozialhilfe dem Arzt einen Auftrag gegeben hat, <u>nicht</u> zur kassenärztlichen Versorgung?

1. Die Träger der Unfallversicherung zählen nicht zur Sozialversicherung
2. Die Träger der Rentenversicherung zählen nicht zur Sozialversicherung
3. Es handelt sich nicht um Leistungen der Krankenversicherung
4. Die Sozialhilfe zählt zur Sozialversicherung

288. Aufgabe

Wer sind die zuständigen Versicherungsträger für die gesetzliche Krankenversicherung?

1. Deutsche Krankenversicherung AG
2. Gesetzliche Krankenkassen
3. Berufsgenossenschaften
4. Landesversicherungsanstalt (LVA)
5. Bundesversicherungsanstalt für Angestellte (BfA)
6. Arbeitsamt

289. Aufgabe

Pflichtversichert sind bei einem Einkommen bis zu 75% der Beitragsbemessungsgrenze der Rentenversicherung:

1. Unternehmer
2. Geschäftsführer
3. Direktoren
4. Arbeiter und Angestellte
5. Beamte

290. Aufgabe

Welche Personengruppe ist von der Versicherungspflicht in einer gesetzlichen Krankenkasse befreit?

1. Arbeiter ohne Rücksicht auf die Höhe ihres Einkommens
2. Angestellte bis zur Versicherungspflichtgrenze
3. Beamte
4. Empfänger von Arbeitslosengeld
5. Rentner, wenn sie vorher in der gesetzlichen Krankenversicherung versichert waren
6. Bezieher von Übergangsgeld

291. Aufgabe

Welche Leistungen erbringt die gesetzliche Krankenversicherung?

1. Sterbegeld
2. Zahlung von Unfallrenten
3. Kostenübernahme der ärztlichen Behandlung
4. Arbeitslosengeld
5. Krankengeldzahlungen
6. Zahlung der Altersrente

292. Aufgabe

Welche Leistung zählt <u>nicht</u> zu den „Barleistungen" der gesetzlichen Krankenkasse?

1. Ambulante ärztliche Behandlung
2. Wochengeld
3. Haushaltshilfe
4. Sterbegeld
5. Krankengeld
6. Hausgeld

▶ □

293. Aufgabe

Welche Leistungen übernimmt die gesetzliche Krankenversicherung?

1. Krankengeldzahlungen
2. Verordnung von Arzneien und Hilfsmitteln
3. Früherkennungsmaßnahmen bei Kindern bis zum 4. Lebensjahr
4. Müttererholungs- und Altenheimkuren
5. Schutzimpfungen

▶ □
▶ □
▶ □
▶ □

294. Aufgabe

Wann endet die Versicherungspflicht in der gesetzlichen Krankenversicherung?

1. Bei Bezug von Altersruhegeld
2. Bei Bezug von Übergangsgeld
3. Bei Überschreiten der Versicherungsgrenze
4. Bei Arbeitslosigkeit
5. Bei Ablehnung der Versicherungspflicht und Übertritt in eine private Versicherung
6. Bei Aufnahme eines Studiums

▶ □

295. Aufgabe

Ordnen Sie die richtigen Leistungen den Sozialversicherungsträgern zu!

Leistungen	Sozialversicherungsträger	
1. Kurzarbeitergeld		
2. Verletztenrente	Berufsgenossenschaft	□
3. Arbeitslosengeld		
4. Altersruhegeld		
5. Schlechtwettergeld	Bundesversicherungsanstalt für Angestellte	□
6. Arbeitslosenhilfe		

296. Aufgabe

Wer ist Träger der Unfallversicherung für die Mitarbeiter der Arztpraxis?

1. Landesversicherungsanstalten
2. Gesetzliche Krankenkassen
3. Kassenärztliche Vereinigung
4. BG für Gesundheitsdienst und Wohlfahrtspflege
5. Ärztekammer

▶ □

297. Aufgabe

Ein familienversicherter Schüler erleidet im Schulsportunterricht einen Unfall. Wer trägt die Kosten?

1. Gemeinde-Unfallversicherungsverband
2. Die Eltern
3. Die Krankenkasse
4. Der Landeswohlfahrtsverband
5. Die Gemeinde
6. Das Sozialamt

▶ □

Wirtschaftskundlicher Teil

298. Aufgabe

Welche Abzüge vom Bruttogehalt trägt die Arzthelferin?

1. 50 % der Sozialversicherungsbeiträge, Lohnsteuer, Kirchensteuer, Solidaritätszuschlag
2. 50 % ihrer Beiträge zur Kranken-, Pflege-, Renten- und Arbeitslosenversicherung, 100 % Unfallversicherung, Lohn- und Kirchensteuer, Solidaritätszuschlag
3. 50 % ihrer Beiträge zur Kranken-, Pflege-, Renten-, Arbeitslosenversicherung, Lohnsteuer, Kirchensteuer
4. 50 % ihrer Beiträge zur Kranken-, Pflege-, Renten-, Arbeitslosenversicherung, Kirchensteuer, Solidaritätszuschlag
5. 50 % ihrer Beiträge zur Kranken-, Pflege-, Renten-, Arbeitslosenversicherung, Lohnsteuer, Kirchensteuer, Solidaritätszuschlag

299. Aufgabe

Ordnen Sie die Steuerklasse der Steuerzahlerin zu!

Steuerklasse	Steuerzahlerin	
1. I		
2. II	verheiratet, Ehepartner nicht berufstätig	☐
3. III		
4. IV	zweites steuerpflichtiges Arbeitseinkommen	☐
5. VI		
	ledig	☐
	ledig, ein Kind	☐
	beide Ehepartner berufstätig	☐

2.1.3 Vertragsrecht (Grundlage)

300. Aufgabe

Zum öffentlichen Recht gehören

1. Das Strafrecht
2. Das Handelsrecht
3. Das Verwaltungsrecht
4. Das Familienrecht
5. Das Sozialrecht
6. Das Steuerrecht

301. Aufgabe

Wo sind die gesetzlichen Vorschriften zu finden, die für das allgemeine Vertragsrecht gelten?

1. StGB
2. Grundgesetz
3. HGB
4. BGB
5. Jugendschutzgesetz
6. Landesverfassung
7. EStG
8. Tarifvertragsgesetz

302. Aufgabe

Ordnen Sie die Altersangaben den entsprechenden Rechtsbegriffen zu!

1. Mit der Zeitangabe auf der Geburtsurkunde
2. Mit der Vollendung des 7. Lebensjahres
3. Mit der Vollendung des 14. Lebensjahres
4. Mit der Vollendung des 16. Lebensjahres
5. Mit der Vollendung des 18. Lebensjahres
6. Mit der Vollendung des 21. Lebensjahres

Rechtsfähigkeit ☐

Beschränkte Geschäftsfähigkeit ☐

Volle Geschäftsfähigkeit ☐

303. Aufgabe

Man unterscheidet zwischen

1. Einseitigen Rechtsgeschäften
2. Zweiseitigen Rechtsgeschäften

Ordnen Sie den folgenden Rechtsgeschäften den zutreffenden Begriff 1 oder 2 zu!

Kündigung des Mietverhältnisses (Garage) ☐

Mahnung des Lieferers wegen einer fälligen Zahlung ☐

Dauerauftrag (Bank) ☐

Kaufvertrag über ein Grundstück ☐

Testament ☐

Abschluss eines Versicherungsvertrages ☐

304. Aufgabe

Welcher Betätigungsvertrag liegt vor?

1. Werkvertrag
2. Werklieferungsvertrag
3. Dienstvertrag
4. Gesellschaftsvertrag

Ein Omnibusbetrieb befördert eine Schulklasse mit dem Bus ☐

Vier Personen verabreden mündlich, sich gemeinsam an einer Lotto- und Totoausspielung zu beteiligen ☐

Ein Pianist verpflichtet sich als Hauslehrer ☐

Zwei Ärzte schließen sich zu einer Arztpraxengemeinschaft zusammen ☐

Ein Sachverständiger erklärt sich bereit, ein Gutachten abzugeben ☐

Beim Arztwagen wird die Jahresinspektion durchgeführt ☐

Ein Architektenvertrag wird abgeschlossen ☐

Ein Schneider stellt Maßkleidung im Auftrag her ☐

305. Aufgabe

Man unterscheidet

1. Besitzer
2. Eigentümer

Ordnen Sie den Beispielen den zutreffenden Begriff 1 oder 2 zu!

Ein Kreditnehmer verpfändet der Bank Wertpapiere. Die Bank ist …	☐
Der Kreditnehmer ist …	☐
Ein Geschäftsmann mietet ein Auto. Der Mieter ist …	☐
Der Autovermieter ist …	☐
Der Pächter einer Gaststätte ist …	☐
Der Verpächter ist …	☐

306. Aufgabe

Nach dem Bürgerlichen Gesetzbuch (BGB) können Rechtsgeschäfte von Anfang an unwirksam, d.h. „nichtig" sein. Welche Rechtsgeschäfte sind nichtig?

1. Der Vertragspartner wurde arglistig getäuscht
2. Der Vertragspartner wurde durch Drohung widerrechtlich zum Abschluss des Vertrages gezwungen
3. Der Vertrag wurde mit einer geschäftsunfähigen Person abgeschlossen
4. Bei Vertragsabschluss wurde nicht die vom Gesetz vorgeschriebene Form beachtet
5. Ein privater Kreditgeber schließt mit einem Kreditnehmer einen Kreditvertrag mit einem Zinssatz von 30 % p. a. ab
6. Irrtümlich werden aufgrund eines Schreibfehlers anstatt 15 Stück einer Ware 1500 Stück bestellt

307. Aufgabe

In welchen Fällen ist ein Vertrag anfechtbar?

1. Wenn die Willenserklärung durch widerrechtliche Drohung erzwungen wurde
2. Wenn der Vertrag gegen ein Gesetz verstößt
3. Wenn der Vertrag nicht die vom Gesetz vorgeschriebene Form hat
4. Wenn der Vertrag nicht ernst gemeint ist (Scherzgeschäft)
5. Wenn eine falsche Übermittlung durch Telefon oder Telegramm vorliegt
6. Wenn sich der Käufer im Kaufgrund geirrt hat; er nahm spätere Preissteigerungen an
7. Wenn der Verkäufer den Käufer arglistig getäuscht hat

308. Aufgabe

Welche Bedeutung für den Abschluss eines Kaufvertrages hat eine Anfrage?

1. Sie gilt als Bestellung, sofern der Verkäufer die betreffende Ware unverzüglich liefern kann
2. Der Verkäufer ist nach HGB verpflichtet, ein Angebot anzugeben
3. Wenn in der Anfrage die genaue Art und Menge der Ware genannt wird, darf der Verkäufer sofort liefern
4. Der Anfragende ist nach HGB zur Bestellung verpflichtet
5. Sie ist eine Erklärung des Käufers ohne rechtliche Wirkungen

309. Aufgabe

Bei welchen der Beispiele handelt es sich rechtlich um ein Angebot?

1. Eine Ware ist im Schaufenster ausgestellt
2. Postwurfsendung mit genauer Preisangabe
3. Übersendung einer Preisliste an unseren Kunden Müller persönlich
4. Ein telefonisches Angebot an den Kunden
5. Zeitungsinserat mit genauer Preisangabe

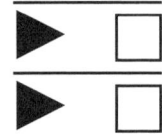

310. Aufgabe

In welchen Fällen ist ein Kaufvertrag zustande gekommen?

1. Ein Käufer bestellt auf ein freibleibendes Angebot
2. Ein Käufer bestellt auf ein verbindliches Angebot
3. Ein Käufer bestellt auf ein verbindliches Angebot, ändert aber die Bedingung „unfrei" in „frei Haus" um
4. Der Verkäufer schickt unbestellt Ware, die der Empfänger aufbewahrt
5. Der Käufer bestellt, ohne dass ein Angebot vorlag und die Lieferung bleibt aus
6. Der Verkäufer schickt unbestellte Ware per Nachnahme, die der Käufer einlöst

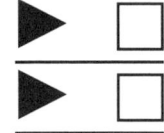

311. Aufgabe

Wann ist eine Bestellungsannahme erforderlich?

1. Einem verbindlichen Angebot folgt eine Bestellung
2. Ein Kunde bestellt Ware von sich aus
3. Einem befristeten Angebot folgt rechtzeitig eine Bestellung
4. Ein Kunde schickt eine Anfrage
5. Einem unverbindlichen Angebot folgt eine Bestellung

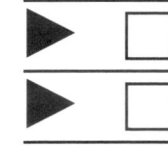

312. Aufgabe

Sie haben bei der Firma Intermed KG einen Heißluftsterilisator zur sofortigen Lieferung zum Preis von 430,00 EUR aufgrund eines Inserates bestellt. Die Firma schickt das Gerät 6 Wochen später zum Preis von 470,00 EUR. Welche Aussage ist richtig?

1. Der Kaufvertrag ist zustande gekommen, es gilt aber nur der in der Bestellung genannte Preis
2. Der Kaufvertrag ist zustande gekommen, die Vertragspartner müssen sich aber noch über den neuen Preis einigen
3. Der Kaufvertrag ist nicht zustande gekommen, da die Lieferung nicht sofort erfolgte
4. Der Kaufvertrag ist nicht zustande gekommen, da es sich die Vertragspartner noch über Preis und Termin hätten einigen müssen

313. Aufgabe

Worum handelt es sich bei dem nebenstehenden Auszug aus einem Vordruck?

1. Um einen Kaufvertrag
2. Um eine Bürgschaft
3. Um einen Mietvertrag
4. Um einen Darlehensvertrag
5. Um eine vorgedruckte Bestellung
6. Um „Allgemeine Geschäftsbedingungen"

> **Lieferfristen**
>
> Teillieferungen sind zulässig. Unvorhergesehene Lieferungshindernisse, wie Fälle höherer Gewalt, Streik, Betriebsstörungen im eigenen Betriebe oder in dem des Vorlieferanten, Transportschwierigkeiten usw. berechtigen den Verkäufer, die Lieferungsverpflichtung ganz oder teilweise aufzuheben. Schadenersatzansprüche des Käufers sind ausgeschlossen.

314. Aufgabe

Die Helferin eines Arztes hat ein Stethoskop Typ 25 AL schriftlich bestellt. Ihr Chef stellt einen Tag später fest, dass sich die Helferin in der Nummer geirrt hat: Es hätte 52 LA heißen müssen. Welche Aussage trifft für die Widerrufsfrist zu?

1. Ein Widerruf der Bestellung ist nicht möglich, da einwandfrei ein Verschulden der Helferin vorliegt
2. Ein Widerruf der Bestellung ist möglich, wenn er spätestens mit der Bestellung bei der Lieferfirma eintrifft
3. Man kann die zugesandte Ware ohne nachteilige Folgen wieder an die Lieferfirma zurücksenden
4. Jede Bestellung kann innerhalb einer bestimmten Frist – hier von einer Woche – widerrufen werden

▶ ☐

---

315. Aufgabe

Ordnen Sie den Fällen die Vertragsstörungen zu!

1. Mangelhafte Lieferung
2. Nicht-Rechtzeitig-Lieferung (Lieferungsverzug)
3. Annahmeverzug
4. Nicht-Rechtzeitig-Zahlung (Zahlungsverzug)

Eine Ware trifft trotz Mahnung und Nachfristsetzung nicht rechtzeitig ein ☐

Der Kunde hat nicht bezahlt, obwohl wir ihn gemahnt und eine Nachfrist gesetzt haben ☐

Eine Warensendung weist nicht die zugesicherten Eigenschaften auf ☐

Der Käufer hat festgestellt, dass er die bestellten Waren anderweitig wesentlich billiger erhält, und lässt die Ware zurückgehen ☐

---

316. Aufgabe

Eine Arzthelferin beanstandet einen Mangel an einem Kittel vier Wochen nach dem Kauf und gibt zu, dass sie den Fehler gleich nach dem Kauf zu Hause bemerkt hat. Hat sie ein Recht auf Umtausch im Kaufhaus?

1. Nein, offene Mängel müssen sofort beanstandet werden
2. Ja, beim einseitigen Handelskauf müssen Mängel nicht sofort beanstandet werden
3. Nein, sie kann nur Minderung verlangen
4. Ja, wenn sie schon öfter dort gekauft hat

▶ ☐

---

317. Aufgabe

Sie reklamieren berechtigt eine Lieferung von Fotometern. Welches Recht können Sie beanspruchen?

1. Wenn die Schlechtleistung von der Lieferfirma verschuldet war, der Mangel aber geringfügig ist, haben Sie einen Nacherfüllungsanspruch, aber keinen Schadenersatzanspruch
2. Wenn der Schaden vom Lieferer nicht verschuldet war und der Mangel erheblich ist, besteht vorrangig ein Nacherfüllungsanspruch und nachrangig ein Minderungsrecht
3. Unabhängig von der Verschuldungsfrage besteht für den Arzt immer neben dem Leistungsanspruch auch noch ein Recht auf Schadenersatz
4. Bei geringfügigem Mangel besteht nachrangig für den Arzt ein Rücktrittsrecht
5. Wenn die Schlechtleistung von der Lieferfirma verschuldet war und der Mangel erheblich ist, hat der Arzt wahlweise ein Recht auf Nacherfüllung, Rücktritt oder Minderung, nicht aber auf Schadenersatz

▶ ☐

318. Aufgabe

Eine Sendung sollte bis zum 15. November „fest" geliefert werden und trifft durch Verschulden des Lieferers nicht rechtzeitig ein. Welche Rechte hat der Arzt, der die Waren bestellt hat?

1. Er kann Lieferung verlangen und ggf. Schadenersatz
2. Er kann Umtausch verlangen
3. Er kann Schadenersatz statt Leistung verlangen
4. Er kann Verzugszinsen fordern
5. Er hat Ansprüche, da er keine Nachfrist gesetzt hatte
6. Er kann vom Vertrag zurücktreten

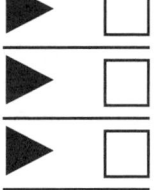

319. Aufgabe

Ein Arzt kauft von einer Büroartikelfirma ein gebrauchtes Diktiergerät unter der Bedingung, dass er es dann behält, wenn innerhalb von 4 Wochen keine Mängel an dem Gerät auftreten. Um welche Art von Kaufvertrag handelt es sich?

1. Kauf auf Probe
2. Kauf zur Probe
3. Kauf nach Probe
4. Kauf ab Abruf

320. Aufgabe

Patientin Müller, die in Augsburg wohnt, hat sich bei einem Münchner Arzt behandeln lassen. Sie weigert sich, die ihr zugesandte Rechnung zu bezahlen, da nach ihrer Meinung die Behandlung nicht gelungen ist. An welchem Ort muss der Arzt seine Forderung einklagen?

1. Am Amtsgericht München
2. Am Amtsgericht Augsburg
3. Am Amtsgericht Fürstenfeldbruck (= zwischen München und Augsburg)
4. Über den Ort müssen sich die beiden Parteien einigen

321. Aufgabe

Ein Patient hat einen Teil seiner Schuld aufgrund der Androhung eines Mahnbescheides bezahlt.

Welchen Einfluss hat dies auf die Verjährung?

1. Keinen
2. Die Verjährung wird gehemmt
3. Die Verjährung beginnt neu
4. Die Forderung verjährt nun erst in 30 Jahren
5. Die Forderung verjährt nicht, da das Geld gestundet wird
6. Die Verjährungsfrist beginnt am Ende des Jahres neu zu laufen

322. Aufgabe

Ein Arzt hat einen Privatpatienten mehrmals vergeblich angemahnt. Welchen Einfluss hat dieses Mahnverfahren auf die Verjährung?

1. Die entsprechende Forderung verjährt erst in 30 Jahren
2. Es hat keinen Einfluss
3. Die Verjährung beginnt neu
4. Die Verjährung wird gehemmt
5. Die Forderung verjährt in 2 Jahren
6. Die Forderung verjährt in 4 Jahren

2.1.4 Zahlungsverkehr (Grundlage)

323. Aufgabe

Eine bargeldlose Zahlung erfolgt:

1. Beim Kauf auf Ziel
2. Beim Kauf gegen Verrechnungsscheck
3. Bei Zahlung durch Zahlschein
4. Bei Zahlung gegen Postnachnahme
5. Bei Überweisung von Konto zu Konto
6. Bei Zahlung mit Überweisung im Postbankverkehr

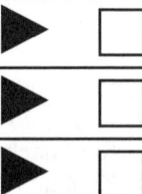

324. Aufgabe

Welche Formulare gehören zum bargeldsparenden (halbbaren) Zahlungsverkehr?

1. Zahlschein
2. Postanweisung
3. Überweisung
4. Barscheck

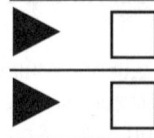

325. Aufgabe

Womit begründen Sie Ihre Entscheidung in der 324. Aufgabe?

1. Bei bargeldsparender Zahlung darf auf keiner Seite mit Bargeld gearbeitet werden
2. Bei bargeldsparender Zahlung darf beim Schuldner nicht mit Bargeld gearbeitet werden
3. Bei bargeldsparender Zahlung darf beim Schuldner oder Gläubiger nicht mit Bargeld gearbeitet werden
4. Bei bargeldsparender Zahlung muss auf jeder Seite mit Bargeld gearbeitet werden
5. Bei bargeldsparender Zahlung darf beim Gläubiger nicht mit Bargeld gearbeitet werden

326. Aufgabe

Welchen Vorteil hat ein Nachnahmepaket für den Absender?

1. Es erreicht schneller den Empfänger
2. Das Paket kann nicht verloren gehen
3. Wenn der Empfänger inzwischen verzogen ist, kommt das Paket mit der neuen Anschrift zurück
4. Es kostet weniger Gebühren
5. Das Paket wird dem Empfänger nur ausgehändigt, wenn er zahlt

327. Aufgabe

Nachstehende Verbindlichkeiten sollen beglichen und den günstigsten Zahlungsmöglichkeiten zugeordnet werden:

Günstigste Zahlungsmöglichkeit

1. Dauerauftrag
2. Einzugsverfahren
3. Banküberweisung

Verbindlichkeiten

Umsatzsteuer	☐
Gehälter für Angestellte	☐
Liefererrechnungen	☐
Stromrechnung	☐
Versicherungsprämien	☐

328. Aufgabe

Sie wollen eine Rechnung begleichen. In welchem Fall müssen Schuldner und Gläubiger ein Konto haben?

1. Sie zahlen mit Postanweisung
2. Sie zahlen mit einem Zahlschein
3. Sie zahlen mit einem Barscheck
4. Sie zahlen mit einem Verrechnungsscheck

▶ ☐

329. Aufgabe

Wie kann eine Verjährung gehemmt werden?

1. Sie mahnen die Zahlung fernmündlich beim Patienten an
2. Sie mahnen die Zahlung schriftlich beim Patienten an
3. Sie beantragen einen Mahnbescheid beim zuständigen Amtsgericht
4. Dem Patienten wird der Mahnbescheid zugestellt
5. Der Arzt stundet dem Patienten die Zahlung um drei Monate

▶ ☐

330. Aufgabe

Was muss eine Quittung enthalten, um eine beweiskräftige Urkunde für eine Zahlung zu sein?

1. Angabe des Zahlenden
2. Ort der Ausstellung
3. Unterschrift des Zahlungsempfängers
4. Betrag
5. Grund der Zahlung
6. Datum der Zahlung

▶ ☐
▶ ☐
▶ ☐
▶ ☐

331. Aufgabe

Was unternehmen Sie zunächst, wenn Sie einen Barscheck verlieren?

1. Polizei verständigen
2. Neuen Scheck ausschreiben lassen
3. Scheck sperren lassen
4. Protest erheben
5. Konto sperren lassen

▶ ☐

332. Aufgabe

Sie erhalten den Auftrag, die Stromrechnungen für die Praxis in Zukunft durch ein rationelles Verfahren über die Bank begleichen zu lassen. Welches Verfahren würden Sie vorschlagen?

1. Dauerauftrag
2. Sammelüberweisung
3. Verrechnungsscheck
4. Einziehungsauftrag

333. Aufgabe

Welche der nachstehenden Zahlungsfälle gehören zum halbbaren Zahlungsverkehr?

1. Der Arzt zahlt mit Zahlschein auf sein Postgirokonto ein
2. Der Arzt überweist einen Betrag von seinem Postgirokonto auf sein Bankkonto
3. Der Arzt lässt den Verrechnungsscheck eines Patienten auf seinem Sparkassenkonto gutschreiben
4. Der Arzt übergibt seiner Arzthelferin einen Barscheck über 180,00 EUR, den diese sich auf der Bank auszahlen lässt
5. Der Arzt verwendet einen Geldbetrag aus der Praxiskasse für private Zwecke

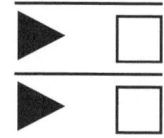

334. Aufgabe

Welche Vordrucke müssen vom Zahlenden unterschrieben werden?

1. Der Barscheck
2. Der Euroscheck
3. Die Postanweisung
4. Die Quittung
5. Der Zahlschein

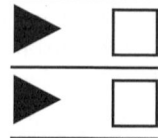

335. Aufgabe

Für die Zahlung mit einem Verrechnungsscheck trifft zu:

1. Es ist eine halbbare Zahlung
2. Man kann den Verrechnungsscheck in einen Barscheck umwandeln
3. Nur der Zahlende benötigt ein Konto
4. Nur der Zahlungsempfänger benötigt ein Konto
5. Keiner benötigt ein Konto
6. Zahlungsempfänger und Zahlender benötigen ein Konto

336. Aufgabe

Welches Formular ist zu verwenden, wenn der Empfänger der Zahlung ein Postgirokonto besitzt, der Absender aber kein Konto hat?

1. Zahlschein
2. Postscheck
3. Postüberweisung
4. Postanweisung

337. Aufgabe

Wann kann ein auf den 20. Oktober vordatierter Scheck, den der Arzt am 10. Oktober erhält, zur Einlösung vorgelegt werden?

1. Am 20. Oktober
2. Am 27. Oktober
3. Am 10. Oktober
4. Am 17. Oktober

338. Aufgabe

Eine am 10. Mai ausgestellte Rechnung trägt den Vermerk „Valuta 30. Juni", zahlbar in 10 Tagen mit 2 % Skonto, 30 Tage netto Kasse.

Wann muss unter Nutzung des Skontos spätestens gezahlt werden?

1. 10. Mai
2. 10. Juni
3. 30. Juni
4. 10. Juli
5. 31. Juli

---

339. Aufgabe

Finden Sie die <u>falsche</u> Behauptung unter den aufgezählten Vorteilen des Postbankverkehrs heraus!

1. Die Zahlungen können zu Hause auf entsprechenden Formblättern erledigt werden; Übermittlerin ist die Deutsche Post AG
2. Geldeingänge können sofort auf das Postbankkonto des Empfängers gebucht werden
3. Der Zahlungsverkehr wird schnell und billig abgewickelt
4. Von jeder Kontoveränderung kann der Kontoinhaber umgehend benachrichtigt werden
5. Guthaben auf dem Postbankgirokonto werden ebenso verzinst wie auf einem Sparkonto
6. Alle Sendungen an Postbank werden bei Verwendung des blauen Postbankbriefumschlages gebührenfrei befördert

---

340. Aufgabe

Die Patientin Frau Schulz möchte eine ärztliche Liquidation in einem anderen Ort begleichen. Auf der Liquidation ist ein Bankkonto angegeben. Frau Schulz hat selbst kein Bankkonto. Mit welchem Zahlungsformular wäre die Zahlung günstig?

1. Zahlschein
2. Zahlungsanweisung
3. Banküberweisung
4. Barscheck
5. Verrechnungsscheck

---

341. Aufgabe

Welcher der nachstehend aufgezählten Belege kann <u>kein</u> Beleg für eine Betriebsausgabe sein?

1. Die Quittung einer Apotheke
2. Die Durchschrift für den Auftraggeber einer Bank
3. Die Gutschrift einer Stadtsparkasse
4. Die Einzahlungsquittung einer Bank

---

342. Aufgabe

Welche Behauptung ist zutreffend?

1. Setze ich bei einem Bankscheck den Namen des Empfängers ein, wird an diesen die Zahlung geleistet
2. Die Angabe eines Zahlungsempfängers bei einem Bankscheck ist nicht zulässig
3. Bei Vorhandensein eines Namens wird der Scheck nur auf dem Konto des genannten Empfängers gutgeschrieben
4. Die Bank zahlt an jeden aus, der den Scheck vorlegt, ohne die Namensangaben zu überprüfen

2.2 Praxisorganisation

343. Aufgabe

Ihr Arzt möchte einen dringenden Brief mit Eilzustellung aufgeben. Wodurch unterscheidet sich ein Brief mit Eilzustellung von den 4 Basisprodukten im Briefdienst?

1. Der Brief mit Eilzustellung wird schneller als die Basisprodukte befördert, aber normal zugestellt
2. Der Brief mit Eilzustellung wird wie die Basisprodukte befördert, aber sofort zugestellt
3. Der Brief mit Eilzustellung wird schneller als die Basisprodukte befördert und sofort zugestellt
4. Die Aushändigung des Briefes mit Eilzustellung erfolgt nur gegen Empfangsbestätigung
5. Sie müssen für den Brief mit Eilzustellung beim Postamt einen Absendebeleg ausfüllen

344. Aufgabe

Sie nehmen die Eingangspost in Empfang.
Welches ist die richtige Reihenfolge der erforderlichen Arbeitsvorgänge?

1. Öffnen der Umschläge – Leerkontrolle – Stempeln – Entnahme des Inhalts – Verteilen
2. Öffnen der Umschläge – Entnahme des Inhalts – Leerkontrolle – Stempeln – Verteilen
3. Öffnen der Umschläge – Stempeln – Verteilen – Entnahme des Inhalts – Leerkontrolle
4. Stempeln – Verteilen – Öffnen der Umschläge – Entnahme des Inhalts – Leerkontrolle

345. Aufgabe

Die beiden Abbildungen stellen Postaufkleber für bestimmte Sendungsarten der Deutschen Post AG dar.

Um welche Briefaufkleber handelt es sich?

1. Aufkleber für Eilzustellung
2. Aufkleber für Wertbriefe
3. Aufkleber für Luftpostsendungen
4. Aufkleber für Einschreibe- und Nachnahmesendungen
5. Aufkleber für Infopost

346. Aufgabe

In Ihrer Praxis ist ein Teil der Patientenkartei in die richtige alphabetische Reihenfolge zu bringen.

Tragen Sie die Ziffern 1 bis 8 dementsprechend in die Kästchen ein!

Brauner, Bernd

Breuer, A.

Brauer-Wagner, Agnes

Brauner, Birgit

Breuer, Anne-Marie

Brauer, Albert

Breuer, Anne

Brauer, Alfred

347. Aufgabe

Anfallende Schriftstücke in Ihrer Praxis sollen Sie nach der chronologischen Ordnung in der Registratur ablegen. Was verstehen Sie unter chronologischer Ordnung?

1. Ordnung nach dem 10er-System
2. Ordnung nach Vorziffern
3. Ordnung nach der zeitlichen Reihenfolge
4. Ordnung nach Buchstaben und Zahlen
5. Ordnung nach Sachgebieten

348. Aufgabe

Ordnen Sie die Feststellungen den 3 abgebildeten Registraturformen zu!

1. Sehr übersichtlich, aber großer „Totraum"
2. Raumsparend, nur für gelochtes Schriftgut
3. Raumsparend, auch für ungelochtes Schriftgut

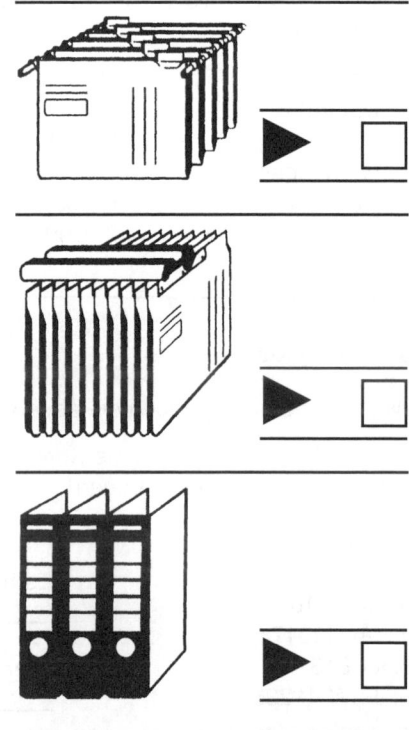

349. Aufgabe

Welche der aufgeführten Maschinen der Text- und Bildkommunikation ist einzusetzen, wenn Sie von Ihrer Praxis aus einen Krankenbericht (mit Skizze der Knochenfraktur) an einen weiterbehandelnden Arzt sofort übermitteln wollen?

Beide Ärzte haben jeweils ein entsprechendes Gerät.

1. Elektronische Schreibmaschine
2. Telex
3. Teletex
4. T-Online
5. Telefax

350. Aufgabe

Welche Schreibweise entspricht den Schreib- und Gestaltungsregeln des Normblattes 5008?

1. Ausfertigung 5-fach
2. 4%ige Sagrotanlösung
3. Telefon-Nr.: (0641) 56231
4. Mischungsverhältnis 2 : 4
5. 3% Verdünnung

351. Aufgabe

Welcher Euro-Betrag ist nach den Schreib- und Gestaltungsregeln des Normblattes 5008 normgerecht geschrieben?

1. 50,– EUR
2. 50,00 EUR
3. 50,-- EUR
4. 50,- EUR
5. 50.00 EUR

352. Aufgabe

Welche Schreibweisen sind nach den Schreib- und Gestaltungsregeln des Normblattes 5008 normgerecht geschrieben?

1. Datum: 11. 5. 1996
2. Datum: 1996-05-11
3. Geldbetrag: 8000 EUR
4. Gradangabe: −20 °C
5. Hausnummer: Burgstr. 14–16
6. Postfach-Nr.:   21 000

353. Aufgabe

Welche Bedeutung haben die abgebildeten Telefonnummern?

Ordnen Sie zu, indem Sie die Kennziffern von 3 der insgesamt 6 Telefonnummern (teilweise mit Zusatzbezeichnungen) in die Kästchen eintragen!

1. ⟨516740⟩
2. (06408)
3. 432-516
4. fax 423176
5. ⌀ 613742
6. FuW 41235

Es handelt sich um eine Durchwahlnummer einer Nebenstelle ☐

Der Telefonteilnehmer erhält demnächst diese neue Telefonnummer ☐

Der Telefonteilnehmer hat einen Anrufbeantworter ☐

354. Aufgabe

Welche Bedeutungen haben die beiden abgebildeten Funktionstasten eines modernen Telefons?

1. Wahlwiederholung
2. Zielwahl
3. Lauthören
4. Stummschaltung
5. Wahl bei aufgelegtem Hörer

 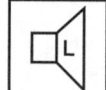

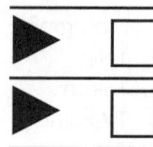

355. Aufgabe

Wie wird das Wort „Skelett" nach der postalischen Buchstabiertafel Inland richtig buchstabiert?

1. Siegfried–Konrad–Emil–Ludwig–Emil–Thomas
2. Samuel–Konrad–Emil–Ludwig–Emil–Thomas–Thomas
3. Samuel–Kaufmann–Emil–Ludwig–Emil–Theodor–Theodor
4. Siegfried–Kaufmann–Emil–Ludwig–Emil–Theodor

Praxisorganisation

356. Aufgabe

Kennzeichnen Sie richtige Aussagen zum „Telefax" mit einer **1**, falsche mit einer **2**.

Das Format der Vorlage kann eine beliebige Größe der A-Reihe sein	☐
Auch eine Abbildung kann übertragen werden	☐
Eingerissene, zerknitterte oder geklebte Vorlagen können unter Umständen zu Störungen führen	☐
Das Papiergewicht spielt für die Übertragung keine Rolle	☐
Der Ausdruck kann auf Normalpapier erfolgen	☐

357. Aufgabe

Zu einer ordnungsgemäßen Abwicklung des Postausgangs gehören auch die folgenden Arbeitsschritte:

A – Verschließen
B – Wiegen und Frankieren
C – Kuvertieren
D – Falzen (Falten)
E – Kontrolle des zu versendenden Schriftgutes

Bei welcher der angegebenen Lösungen sind die Arbeitsschritte in der richtigen Reihenfolge aufgeführt?

1. D, E, C, A, B
2. E, D, C, A, B
3. C, B, E, D, A
4. D, C, B, E, A
5. E, B, D, C, A

▶ ☐

358. Aufgabe

Welche aufgeführten Anschriften ist normgerecht geschrieben?

Die Striche stellen Leerzeilen dar!

1. Übergabe-Einschreiben	2. Übergabe-Einschreiben	3. Übergabe-Einschreiben	4. Übergabe-Einschreiben
–	–	–	–
Herrn Augenarzt	Herrn	–	Herrn Augenarzt
Dr. med. Berger	Dr. med. Berger	Herrn Augenarzt	Dr. med. Berger
Schillerstr. 18	Augenarzt	Dr. med. Berger	–
–	Schillerstr. 18	Schillerstr. 18	Schillerstr. 18
51143 Köln	–	–	51143 Köln
–	51143 Köln	51143 Köln	–
–			–

359. Aufgabe

Die folgenden Aussagen beziehen sich auf den Geschäftsbrief A 4.
Tragen Sie bitte bei zutreffenden Aussagen eine **1** ein, bei nicht zutreffenden Aussagen eine **2**!

Der Wortlaut des Betreffs ist nach 2 Leerzeilen nach den Bezugszeichen zu schreiben	☐
Die Einrückung im Geschäftsbrief A4 beginnt stets auf Grad 25	☐
Die Anrede beginnt an der Fluchtlinie und wird durch eine Leerzeile vom folgenden Text getrennt	☐
Die Anlagevermerke können auch auf Grad 50 in Höhe des Grußes geschrieben werden	☐
Der Text wird, wenn Absätze zu machen sind, durch je eine Leerzeile gegliedert	☐
Nach dem Wortlaut des Betreffs sind 3 Leerzeilen vorzusehen	☐

360. Aufgabe

Welche Antwort trifft für DIN-A-Formate zu?

1. Teilt man die längere Seite, erhält man wieder ein DIN-A-Format
2. Die kurze Seite entspricht der Hälfte der langen Seite
3. Die Formate sind quadratisch
4. Die Abmessungen der Formate sind immer runde Zahlen
5. Das Verhältnis von Länge und Breite ist 3 : 1

▶ ☐

361. Aufgabe

Welcher Vorteil besteht für den Absender, wenn er ein Paket per Nachnahme verschickt?

1. Es wird schneller zugestellt
2. Der Versand erfolgt schneller
3. Es kann nicht verloren gehen
4. Es wird dem Empfänger nur ausgehändigt, wenn er zahlt
5. Es wird dem Empfänger persönlich ausgehändigt

▶ ☐

362. Aufgabe

Auch für die Beschriftung von Briefhüllen gibt es Formvorschriften.

Berichtigen Sie die Fehler in der Abbildung!

1. Der Absender beginnt links oben (5. Zeile) und wird ohne Leerzeilen und Unterstreichung geschrieben
2. Der Absender ist auf der Rückseite der Briefhülle anzugeben
3. Bei Eilzustellungen ist eine Absenderangabe nicht notwendig
4. Die Postfachnummer in der Empfängeranschrift muss in 2er-Stellen von rechts gegliedert werden
5. Die Empfängeranschrift soll oberhalb der Briefhüllenmitte sowie auf Grad 40 beginnen
6. Die Berufsbezeichnung „Rechtsanwalt" muss in einer besonderen Zeile unter dem Namen des Anwalts aufgeführt werden

▶ ☐

▶ ☐

```
                          |
                      Grad 30              ┌ - - - ┐
                                           ¦       ¦
                                           ¦       ¦
                                           ¦       ¦
                                           └ - - - ┘


  ── Briefhüllenmitte        Eilzustellung

                             Herrn Rechstanwalt
                             Dr. Hans Lehmann
                             Postfach 142035

  ── Dr. med. E. Kluge       60437 Frankfurt
     Bahnhofstraße 7
     35390 Gießen
```

---

363. Aufgabe

Bei den folgenden Straßennamen ist bei zutreffender Schreibweise eine **1**, bei nicht zutreffender Schreibweise eine **2** einzutragen!

Am Alten Schloß ☐

Max Weber Platz ☐

Goetheallee ☐

Neuerweg ☐

Hohenstaufen Straße ☐

Kölnerstraße ☐

Schillerstraße ☐

Alte-Mainzer-Straße ☐

364. Aufgabe

Welche Aussagen über das „Anschriftenfeld" beim Geschäftsbrief A4 treffen zu?

1. Bei Auslandsanschriften sind Bestimmungsort und -land in Großbuchstaben zu schreiben
2. Die Empfängerbezeichnung beginnt stets in der 3. Zeile eines Anschriftenfeldes
3. Die Postfachnummern dürfen nicht gegliedert werden
4. Die Sendungsart bzw. die Versendungsform beginnt stets in der 3. Zeile eines Anschriftenfeldes
5. Die Angabe des Bestimmungslandes steht in der 1. Zeile eines Anschriftenfeldes
6. Die Firmenbezeichnung, wie „Farbwerke" oder „Bürogroßhandlung" ist vor dem eigentlichen Firmennamen aufzuführen

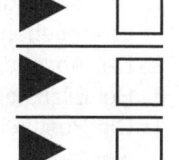

365. Aufgabe

Wie unterzeichnet die Helferin mit Einzelvollmacht einen Brief, eine Mahnkarte, eine Lieferungsbestätigung in Abwesenheit des Praxisinhabers?

1. Sie unterschreibt mit der Praxisbezeichnung
2. Sie unterschreibt mit ihrem Namen ohne einen Zusatz
3. Sie unterschreibt mit ihrem Namen und dem Zusatz i. V.
4. Sie unterschreibt mit ihrem Namen und dem Zusatz i. A.

366. Aufgabe

Auf welchen der aufgeführten Schriftstücke darf die Arzthelferin nicht mit „i. A." (im Auftrag) unterschreiben?

1. Lieferschein bei Entgegennahme von Sprechstundenbedarf
2. Mahnung bezüglich des Krankenscheins
3. Quittung über eine Bareinnahme
4. Transportschein
5. Überweisung zum Durchgangsarzt
6. Umbestellung von Patienten

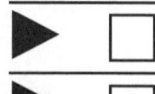

367. Aufgabe

Wo sind die gesetzlichen Aufbewahrungsfristen für Schriftgut festgelegt?

1. Im BGB (Bürgerlichen Gesetzbuch)
2. In der ZPO (Zivilprozessordnung)
3. In der AO (Abgabenordnung)
4. Im HGB (Handelsgesetzbuch)
5. Im GG (Grundgesetz)

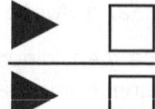

368. Aufgabe

Wie lange muss ein Praxisinhaber Briefe aufbewahren?

1. Bis zum 31. Dezember des jeweiligen Jahres
2. 1 Jahr
3. 3 Jahre
4. 5 Jahre
5. 6 Jahre
6. 30 Jahre

369. Aufgabe

Ihr Chef beauftragt Sie, 5000 Briefbogen mit Namenseindruck zu bestellen. Der Drucker will wissen, ob er

1. 40 g schweres Papier,
2. 80 g schweres Papier,
3. 120 g schweres Papier nehmen soll. Kreuzen Sie das für Briefbogen übliche Papiergewicht an!

Auf welche Fläche bezieht sich diese Grammbezeichnung?

4. Auf ein Blatt DIN A4
5. Auf 10 Blätter DIN A4
6. Auf einen Quadratmeter Papier

370. Aufgabe

Schriftstücke im Format DIN A4 werden in Ihrer Praxis zum Versand im so genannten „Leporello-Falz" gefaltet. Wählen Sie die geeignete Versandhülle aus!

1. DIN C 6-Hüllen ohne Fenster
2. DIN C 6-Hüllen mit Fenster
3. DIN C 5-Hüllen
4. DIN C 4-Hüllen
5. DIN-Langhüllen mit oder ohne Fenster

▶ ☐

---

371. Aufgabe

Der Bildschirmarbeitsplatz ist ein Gesamtsystem, das aus mehreren Komponenten besteht.

Ordnen Sie diese Komponenten den angegebenen einzelnen Beschreibungen zu, indem Sie die Kennziffern 1–5 in die Kästchen entsprechend eintragen!

Komponenten	Beschreibungen

1. Mensch
2. Arbeitsplatz
3. Arbeitsplatzumgebung
4. Informationseingabe
5. Informationsausgabe

Die den ergonomischen Anforderungen des arbeitenden Menschen gerecht werdenden und meist über Drucker vermittelten Kenntnisse ☐

Die dem Arbeitsplatz nahe stehenden Einflüsse, wie z.B. Klima, Beleuchtung und Farbe sind bei der Einrichtung es Bildschirmarbeitsplatzes besonders zu beachten ☐

Es werden im Gesamtsystem Bildschirmarbeitsplatz geistige und körperliche Tätigkeiten ausgeführt. Dabei werden von Personen Informationen aufgenommen und verarbeitet ☐

Die „Kommunikationselemente" sind Bildschirm, Tastatur und Belege; die „Träger" sind Tisch, Beleghalter, Stuhl usw. ☐

Die über Bildschirm und Tastatur des Bildschirmarbeitsplatzes einzugebenden Daten und Fakten ☐

2.3 EDV

372. Aufgabe

Was bezeichnet man als „alphanumerische Daten"?

1. Nur Zahlen, gebildet aus den Ziffern 0 bis 9
2. Nur Ziffernfolgen, gebildet aus den Ziffern 0 und 1
3. Zeichenfolgen, gebildet aus den Buchstaben A bis Z (groß und klein)
4. Zeichenfolgen, bestehend aus den Ziffern 0 bis 1 sowie den Buchstaben A bis Z
5. Zeichenfolgen, bestehend aus den Ziffern 0 bis 9, den Großbuchstaben A bis Z und Sonderzeichen
6. Zeichenfolgen, bestehend aus den Ziffern 0 bis 9 sowie allen Groß- und Kleinbuchstaben und allen Sonderzeichen

▶ ☐

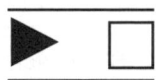

373. Aufgabe

Was versteht man in der EDV unter dem Begriff „Software"?

1. Die für Weiterverarbeitungszwecke über Speichermedien (z. B. Magnetband) ausgegebenen Daten
2. Alle Datenträger, die maschinell gelesen werden können
3. Die Summe aller technischen oder physikalischen Teile einer EDV-Anlage
4. Die Summe aller Programme, die zur Lösung der anwendungsspezifischen Probleme dienen
5. Alle problemorientierten oder so genannten höheren Programmiersprachen

374. Aufgabe

Was versteht man unter „Hardware"?

1. Computer der 3. Generation
2. Gesamtheit der Geräte einer EDV
3. Gesamtheit der Peripheriegeräte
4. Puffer für Ein- und Ausgabegeräte
5. EDV-Anlagen, die nur käuflich zu erwerben sind und nicht gemietet werden können

375. Aufgabe

Aus welchen drei Einheiten besteht ein elektronisches Datenverarbeitungssystem (EDV-System)?

1. Eingabeeinheit
2. Steuerwerk
3. Zentraleinheit
4. Hauptspeicher
5. Zentrale Recheneinheit
6. Ausgabeeinheit

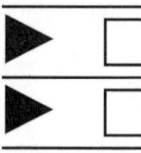

376. Aufgabe

Was versteht man unter einem Bit (Binary Digit)?

1. Ein Bit ist die kleinste selbstständige Informationseinheit
2. Ein Bit dient zur Darstellung einer Dezimalziffer
3. Ein Bit ist die kleinste speicherbare Informationseinheit
4. Ein Bit ist die kleinste adressierbare Informationseinheit
5. Ein Bit dient zur Darstellung von mehrstelligen Zahlen und Buchstaben

377. Aufgaben

Was ist ein „Terminal"?

1. Ein Gerät der Datenerfassung
2. Eine Datenübertragungsleitung
3. Ein Datenendgerät
4. Die Gerätesteuerung eines peripheren Gerätes
5. Ein schneller Speicher

378. Aufgabe

Aus welchen Elementen besteht die Zentraleinheit eines EDV-Systems?

1. Eingabeeinheit
2. Zentrale Recheneinheit
3. Ausgabeeinheit
4. Steuerwerk
5. Hauptspeicher
6. Gerätesteuerung

379. Aufgabe

Wie viel Zeichenkombinationen können im EBCDI-Code dargestellt werden?

1. 64
2. 127
3. 128
4. 255
5. 256
6. 512

▶ ☐

---

380. Aufgabe

Welche Angabe bezieht sich auf die Kapazität eines Arbeitsspeichers?

1. Megahertz
2. Übertragungsrate
3. Spuren/Zylinder
4. Megabytes
5. Bytes per inch

▶ ☐

---

381. Aufgabe

Ordnen Sie den Hardware-Komponenten die Begriffe zu!

Begriffe

1. Zentraleinheit
2. Eingabegerät
3. Ausgabegerät
4. Externer Speicher

Hardware-Komponenten

Tastatur, Maus, Scanner	☐
Drucker	☐
Diskette, Magnetplatte	☐
Steuerwerk, Rechenwerk, Arbeitsspeicher	☐
Plotter	☐

---

382. Aufgabe

Ordnen Sie die Begriffe den Bedeutungen zu!

Begriffe

1. CPU
2. Software
3. RAM
4. Prozessor

Bedeutungen

Rechenwerk und Steuerwerk	☐
Zentraleinheit	☐
Arbeitsspeicher	☐
Anwenderprogramme	☐

2.4 Rechnungswesen (Rechnen)

383. Aufgabe

Errechnen Sie den Saldo!

Einnahmen:	Ausgaben:
1.696,80	386,16
1.311,03	123,45
2.704,30	1.678,90
1.908,28	987,66
5.310,95	8.016,95

384. Aufgabe

Welches Ergebnis stimmt?

1. $\dfrac{3}{5} \times \dfrac{5}{6} = \dfrac{18 \times 25}{30} = \dfrac{450}{30} = 15$

2. $\dfrac{2}{3} \times \dfrac{3}{4} = \dfrac{2 \times 4}{3 \times 3} = \dfrac{8}{9}$

3. $3\,1/3 \times 4\,1/2 = \underline{12\,1/6}$

4. $2\,3/4 \times 3\,2/3 = \dfrac{11 \times 11}{4 \times 3} = \dfrac{121}{12} = 10\,1/2$

5. $2\,4/6 \times 3\,1/3 = \dfrac{16 \times 10}{6 \times 3} = \dfrac{160}{18} = 8\,8/9$

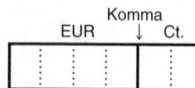

385. Aufgabe

Eine Arzthelferin hat nach einer Gehaltsaufbesserung von 3,75 % ein Bruttogehalt von 2.100,00 EUR.

Wie hoch war ihr Gehalt vor der Erhöhung?

386. Aufgabe

Ein medizinisches Gerät kostet bei Barzahlung 16.800,00 EUR, bei Ratenzahlung 17.640,00 EUR. Wie viel Prozent beträgt der Mehrpreis?

387. Aufgabe

Aufgrund einer Mängelrüge durfte ein Arzt 15 % und wegen sofortiger Zahlung 2 % Skonto abziehen. Er hat 799,68 EUR überwiesen.

Wie hoch war der Rechnungsbetrag?

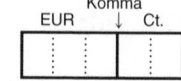

388. Aufgabe

Eine Arzthelferin zahlt einen Kredit über 2.000,00 EUR, den sie vom 28. Februar bis zum 7. Juni in Anspruch nahm, einschließlich 9 % Zinsen an die Sparkasse zurück.

Wie viel EUR muss sie zahlen?

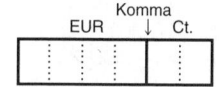

389. Aufgabe

Wie viel Zucker sind in einer Tagesmenge von 1260 cm³ Urin enthalten, wenn im Labor 2,7 % Zucker nachgewiesen worden sind?

390. Aufgabe

Berechnen Sie das Mischungsverhältnis Alkohol : Wasser!

1. Sorte: Alkohol   − 95 %ig
Mischung Alkohol   − 65 %ig
2. Sorte: Wasser   − 0 %ig

Alkohol:	Wasser:
1. 19	13
2. 6	13
3. 13	6
4. 65	30
5. 30	65

---

391. Aufgabe

Die Helferin kauft in der Apotheke für den Sprechstundenbedarf:

3/4 l H_2O_2 zu 1,64 EUR je Liter
1/2 l Spiritus   zu 2,07 EUR je Liter
1/4 kg chemische Watte zu 4,52 EUR je kg

Über welchen Betrag lautet die Rechnung?

Komma
EUR↓ Ct.

---

392. Aufgabe

Die KV überwies im 1. Quartal für Vorsorgeuntersuchungen ein Honorar von 2.855,00 EUR, im 2. Quartal von 3.480,00 EUR.

Um wie viel Prozent ist das Honorar im 2. Quartal gestiegen?

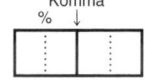

---

393. Aufgabe

35 Liter Alkohol (96 %ig) kosten 328,35 EUR.
Wie hoch ist der Preis für 42 Liter Alkohol (75 %ig)?

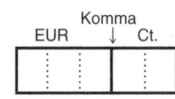

---

394. Aufgabe

Bei 80 cm Breite benötigt man 19,50 m Dekorationsstoff für eine Arztpraxis.
Wie viel Meter benötigt man, wenn der Stoff 130 cm breit ist?

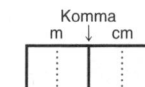

---

395. Aufgabe

Fußbodenbelag: Größe des Wartezimmers   = 6,4 m × 4,5 m
                 Kosten des Teppichbodens   = 268,40 EUR
                 Größe des Behandlungsraumes = 7,2 m × 5,5 m

Wie hoch sind die Kosten für den Fußbodenbelag für den Behandlungsraum?

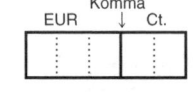

---

396. Aufgabe

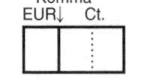

Preis für 25 Liter Flüssigkeit: 52,50 EUR. Wie viel kostet der Inhalt einer Flasche zu 3/4 Liter?

---

397. Aufgabe

Ein Arzt behandelt täglich im Durchschnitt 44 Patienten bei 8 Stunden Arbeitszeit.

Wie viel Patienten könnte er in 6 Stunden behandeln?

---

398. Aufgabe

Zwei Helferinnen benötigen für tägliche Routinearbeiten zusammen etwa 3/4 Stunden. Um wie viel Minuten verkürzt sich diese tägliche Arbeitszeit, wenn demnächst eine weitere Helferin angestellt wird?

---

399. Aufgabe

Ein Arzt bestellt 12 Päckchen Brandbinden zu je 1,40 EUR. Wie viel Päckchen erhält er für den gleichen Betrag, wenn die Lieferfirma mitteilt, dass infolge Preiserhöhung jetzt ein Päckchen 1,68 EUR kostet?

---

400. Aufgabe

Ein Arzt hat von einem Kongress 180,00 sfrs. zurückgebracht. Wie viel EUR schreibt seine Bank gut bei einem Verkaufskurs von 0,6720 und einem Ankaufkurs von 0,7180?

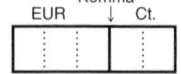

---

401. Aufgabe

Als zusätzliches Urlaubsgeld will ein Arzt seinen drei Helferinnen insgesamt 1.680,00 EUR zahlen. Die Höhe des zusätzlichen Urlaubsgeldes richtet sich nach der Zahl der Jahre, die sie in der Praxis tätig sind.

Frau Asam ist seit 3 Jahren in der Praxis
Frau Bauer ist seit 7 Jahren in der Praxis
Frau Cesaro ist seit 4 Jahren in der Praxis

Wie viel EUR erhält Frau Bauer?

---

402. Aufgabe

Ein Arzt konnte im zweiten Jahr nach seiner Praxiseröffnung 870 Krankenscheine abrechnen, das waren 45 % mehr als im ersten Jahr. Wie viel Scheine hatte er im 1. Jahr abgerechnet?

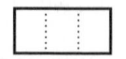

---

403. Aufgabe

Eine Helferin soll zum 1. des nächsten Monats eine Gehaltsaufbesserung von 12 % ihres Nettolohnes erhalten.

Was wird sie dann verdienen, wenn ihr im Augenblick 1.360,25 EUR ausgezahlt werden?

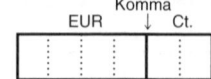

---

404. Aufgabe

Die Helferin kürzt gemäß den vereinbarten Zahlungsbedingungen den Rechnungsbetrag einer Lieferfirma um 2 1/2 % Skonto, was einem Betrag von 50,00 EUR entspricht.

Über welchen Betrag lautete die um den Skontobetrag gekürzte Rechnung?

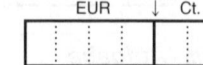

---

405. Aufgabe

Nach einer Erhöhung von 8 1/3 % beträgt die Praxismiete jetzt 1.787,50 EUR.
Wie hoch war die frühere Miete?

---

406. Aufgabe

Ein Kaufmann zahlt für ein Darlehen 7,5 % Zinsen; er überweist seinem Gläubiger für das letzte Halbjahr 556,00 EUR. Welcher Bruch ist richtig, wenn wir das Darlehen berechnen wollen?

1. $\dfrac{556 \times 100 \times 360}{180 \times 7,5}$

2. $\dfrac{556 \times 100 \times 360}{7,5 \times 0,5}$

3. $\dfrac{556 \times 180 \times 360}{7,5 \times 100}$

4. $\dfrac{556 \times 360 \times 7,5}{100 \times 180}$

5. $\dfrac{360 \times 100 \times 7,5}{556}$

6. $\dfrac{556 \times 100 \times 7,5}{2}$

407. Aufgabe

Der Zins für ein Darlehen von 6.000,00 EUR, das am 15. 02. aufgenommen wurde, beträgt bis zum 31. 12. 420,00 EUR. Durch welchen Bruch ist die Höhe des Zinssatzes errechenbar?

1. $\dfrac{315 \times 100 \times 360}{6.000 \times 420}$

2. $\dfrac{420 \times 100 \times 315}{6.000 \times 360}$

3. $\dfrac{420 \times 100 \times 360}{6.000 \times 315}$

4. $\dfrac{6.000 \times 420 \times 315}{100 \times 360}$

5. $\dfrac{420 \times 100}{6.000}$

▶ ☐

---

408. Aufgabe

Ein Arzt zahlt nach 3 Monaten für einen gewährten Zwischenkredit bei der Praxiseröffnung einschließlich 8 % Zinsen 42.840,00 EUR an die Bank zurück.

Wie hoch war die ausgeliehene Darlehenssumme?

EUR	Komma ↓	Ct.

3 Lösungen

1.	5	61.	6	121.	1
2.	1	62.	4	122.	5
3.	3	63.	4,5	123.	5
4.	6	64.	2	124.	5
5.	3	65.	3	125.	3,6,5
6.	2,5	66.	2	126.	2
7.	2,3	67.	2,3,5	127.	1
8.	5	68.	4	128.	1
9.	3	69.	2	129.	4
10.	5	70.	3	130.	6
11.	2	71.	3	131.	3
12.	3	72.	5	132.	1
13.	3	73.	6	133.	2
14.	1,2	74.	4	134.	1
15.	1,3	75.	2	135.	3
16.	2	76.	2	136.	1
17.	4	77.	5	137.	4
18.	2	78.	1	138.	2
19.	4	79.	1	139.	2,3
20.	5	80.	2	140.	4
21.	4	81.	4	141.	3
22.	5	82.	1	142.	3
23.	5	83.	2	143.	3
24.	1	84.	2	144.	2,4
25.	6	85.	5	145.	5
26.	5	86.	2	146.	4
27.	3	87.	3	147.	5
28.	6	88.	2	148.	1
29.	4	89.	3	149.	3
30.	3	90.	2,3	150.	2
31.	3	91.	2	151.	2
32.	2	92.	4	152.	5
33.	3	93.	4	153.	2
34.	3	94.	2	154.	5,10,16,11
35.	5	95.	4	155.	2,8,13,3
36.	4	96.	3	156.	6,15,9,4
37.	3	97.	1	157.	1,14,7,12
38.	3	98.	4,1	158.	3
39.	2	99.	3,4	159.	5
40.	4	100.	2	160.	2
41.	4	101.	3	161.	3,5
42.	5	102.	1	162.	3,6
43.	5	103.	1	163.	2
44.	3	104.	3	164.	4
45.	5	105.	4	165.	4
46.	5	106.	4	166.	1,4
47.	5,6	107.	5	167.	3
48.	2,5	108.	4	168.	3
49.	4	109.	1,6	169.	4
50.	4	110.	5	170.	3,4
51.	4	111.	4,5,3,1,2	171.	5
52.	1	112.	1,5	172.	4
53.	1	113.	11,9,8,10	173.	4
54.	3	114.	7,12,6	174.	4
55.	4	115.	3	175.	3
56.	2	116.	5	176.	6
57.	4	117.	1,6,3,7	177.	3
58.	2	118.	4	178.	3
59.	6	119.	5	179.	1
60.	5	120.	3	180.	5

181.	4	244.	3	307.	1,5,7
182.	4	245.	1,4,6	308.	5
183.	4	246.	1	309.	3,4
184.	1	247.	2	310.	2,6
185.	5	248.	4	311.	2,5
186.	5	249.	1	312.	4
187.	2	250.	2,6	313.	6
188.	2	251.	3,5	314.	2
189.	4	252.	4	315.	2,4,1,3
190.	2	253.	1	316.	2
191.	3	254.	3	317.	3
192.	1	255.	4	318.	1,3,6
193.	2	256.	5	319.	1
194.	3	257.	3	320.	2
195.	3,4,7,2	258.	2	321.	3
196.	1	259.	4	322.	2
197.	2	260.	3	323.	2,5,6
198.	1	261.	2,3,1	324.	1,4
199.	1	262.	5	325.	3
200.	2	263.	4	326.	5
201.	2	264.	2,2,1,2	327.	3,3,3,2,1
202.	2,4	265.	2,4,5	328.	4
203.	5	266.	3	329.	5
204.	2,4	267.	1	330.	1,3,4,6
205.	6,8,4,5,2,9,7,1,3	268.	2	331.	3
206.	4,6	269.	4	332.	4
207.	3	270.	4,3,1,2,5	333.	1,4
208.	3	271.	2,1,4,3	334.	1,2
209.	4	272.	2	335.	6
210.	1,4	273.	1,3,4	336.	1
211.	1	274.	3,5	337.	3
212.	3	275.	3,6	338.	4
213.	2,7,5,6,3,1,4	276.	5	339.	5
214.	4	277.	1,6	340.	1
215.	1,3,1,3,2	278.	1	341.	3
216.	2	279.	1	342.	4
217.	1	280.	3	343.	2
218.	2	281.	1	344.	2
219.	3	282.	4	345.	2,4
220.	1	283.	3	346.	4,6,3,5,8,1,7,2
221.	5	284.	5	347.	3
222.	2	285.	3	348.	3,2,1
223.	2,3	286.	2,4,6	349.	5
224.	2	287.	3	350.	2
225.	1	288.	2	351.	2
226.	1	289.	4	352.	2,4
227.	2	290.	3	353.	3,1,5
228.	4,6,5,3,1,2	291.	1,3,5	354.	1,3
229.	2	292.	1	355.	3
230.	4	293.	1,2,3,5	356.	2,1,1,2,1
231.	3	294.	3	357.	2
232.	2	295.	2,4	358.	1
233.	3,1,3,2,3,1,2,3,2	296.	4	359.	1,2,1,1,1,2
234.	4,6	297.	1	360.	1
235.	3	298.	5	361.	4
236.	4	299.	3,5,1,2,4	362.	1,4
237.	1	300.	1,3,5,6	363.	1,2,1,2,2,1,2
238.	5,6,7	301.	4	364.	1,2,6
239.	4	302.	1,2,5	365.	4
240.	4,6	303.	1,1,1,2,1,2	366.	4,5
241.	3,5	304.	3,4,3,4,1,2,1,2	367.	3,4
242.	4	305.	1,2,1,2,1,2	368.	5
243.	3,4	306.	3,4,5	369.	2,6

370.	5	383.	1.738,24 EUR	396.	1,58 EUR
371.	5,3,1,2,4	384.	5	397.	33
372.	6	385.	2.024,10 EUR	398.	15 Min.
373.	4	386.	5 %	399.	10
374.	2	387.	960,00 EUR	400.	129,24 EUR
375.	1,3,6	388.	2.049,50 EUR	401.	840,00 EUR
376.	3	389.	34,02 g	402.	600
377.	3	390.	3	403.	1.530,28 EUR
378.	2,4,5	391.	3,40 EUR	404.	1.950,00 EUR
379.	5	392.	21,89 %	405.	1.650,00 EUR
380.	4	393.	307,83 EUR	406.	1
381.	2,3,4,1,3	394.	12,00 m	407.	3
382.	4,1,3,2	395.	369,07 EUR	408.	42.000,00 EUR

4 Lösungshilfen zum Rechnungswesen

Aufgabe 389

$100\ cm^3 = 2{,}7\ g$
$1260\ cm^3 = ?$
$$\frac{1260 \times 2{,}7}{100} = 34{,}02$$

Aufgabe 390

95	30	65	13
0	65	30	6

Aufgabe 391

$0{,}75 \times 1{,}64 = 1{,}23$ EUR
$0{,}50 \times 2{,}07 = 1{,}04$ EUR
$0{,}25 \times 4{,}52 = \underline{1{,}13}$ EUR
$\phantom{0{,}25 \times 4{,}52 = }\underline{3{,}40}$ EUR

Aufgabe 393

$35\ l - 96\% = 328{,}35$ EUR
$42\ l - 75\% = ?$
$$\frac{328{,}35 \times 42 \times 75}{35 \times 96} = 307{,}83\ \text{EUR}$$

Aufgabe 394

$80\ cm - 19{,}50\ m$
$130\ cm - ?$
$$\frac{19{,}50 \times 80}{130} = 12$$

Aufgabe 395

$6{,}4 \times 4{,}5 = 28{,}8$
$7{,}2 \times 5{,}5 = \underline{39{,}6}$
$\phantom{7{,}2 \times 5{,}5 = }\underline{68{,}4}$
$268{,}40 : 28{,}8 = 9{,}32$
$39{,}6 \times 9{,}32 = 369{,}07$

Aufgabe 396

$25{,}00\ l = 52{,}50$ EUR
$0{,}75\ l = ?$
$$\frac{0{,}75 \times 52{,}50}{25} = 1{,}58\ \text{EUR}$$

Aufgabe 397

8 Std. – 44 Patienten
6 Std. – ?
$$\frac{6 \times 44}{8} = 33$$

Aufgabe 398

2 – 45 Min.
3 – ?

$$\frac{45 \times 2}{3} = 30$$

$\begin{array}{r} 45 \\ -\ 30 \\ \hline 15 \end{array}$

Aufgabe 399

$1{,}40 - 12$
$1{,}55 - ?$
$$\frac{12 \times 1{,}40}{1{,}68} = 10$$

Aufgabe 400

$180 \times 0{,}7180 = 129{,}24$ EUR

Aufgabe 402

$145\% - 870$
$100\% - ?$
$$\frac{100 \times 870}{145} = 600$$

Aufgabe 403

$12\ 1/2\% = 1/8$
$1.360{,}25$ EUR
$\underline{170{,}03}$ EUR
$1.530{,}28$ EUR

Aufgabe 404

$2{,}5\% - 50{,}00$ EUR
$100\% - ?$
$$\frac{100 \times 50}{2{,}5} = 2.000$$

$\begin{array}{r} 2.000 \\ -\ \ 50 \\ \hline 1.950 \end{array}$

Aufgabe 405

$108\ 1/3\% - 1.787{,}50$ EUR
$100\ \% - ?$
$$\frac{100 \times 1.787{,}50 \times 3}{325} = 1.650{,}00\ \text{EUR}$$

Aufgabe 408

$$\frac{8 \times 3}{12} = 2$$
$102\% - 42.840{,}00$ EUR
$100\% - ?$
$$\frac{100 \times 42.840}{102} = 42.000{,}00\ \text{EUR}$$

5 Prüfungsübungssatz

Übung zur Zwischenprüfung

Prüfungsfächer: **Fachkunde, Sozialkunde und Praxisorganisation**

Prüfungszeit: **60 Minuten**

Zahl der Aufgaben: **60**

Beachten Sie bitte folgende Punkte:

1. Bevor Sie mit der Bearbeitung beginnen, prüfen Sie bitte, ob dieser Aufgabensatz die oben angegebene Anzahl von Aufgaben enthält. Wenden Sie sich bitte bei Unstimmigkeiten sofort an die Aufsicht! Reklamationen nach Schluss der Prüfung können nicht anerkannt werden.

2. Schreiben Sie nur mit Kugelschreiber und drücken Sie dabei kräftig auf!
   Aufgabensatz nicht als Unterlage verwenden!

3. Die Anzahl der richtigen Lösungen erkennen Sie an der Zahl der vorgedruckten Lösungskästchen!

4. Die Aufgaben können in beliebiger Reihenfolge gelöst werden. Zur Bearbeitung des Aufgabensatzes greifen Sie zweckmäßigerweise die Aufgaben heraus, die Ihnen am sichersten lösbar erscheinen. Die übrigen Aufgaben bearbeiten Sie in der noch zur Verfügung stehenden Zeit.

5. Lösen Sie die Aufgaben, indem Sie die Lösungsziffer (das ist die Kennziffer der vorgegebenen Antworten) in die jeweils rechts unmittelbar anschließenden Kästchen eintragen!

6. Schreiben Sie deutlich, da Ihnen bei unleserlicher Eintragung Punkte verloren gehen.

7. Wenn Sie feststellen, dass Sie ein Kästchen falsch ausgefüllt haben, entwerten Sie dieses Kästchen, indem Sie das falsche Ergebnis deutlich durchstreichen. Schreiben Sie dann die Zahl ausschließlich unter dieses Kästchen, niemals daneben oder darüber.

Zur Bearbeitung der Aufgaben blättern Sie um!

5.1 Fachkunde

1. Aufgabe

Wie heißt die lateinische Bezeichnung für Krankheitslehre?

1. Anatomie
2. Physiologie
3. Zytologie
4. Pathologie
5. Histologie

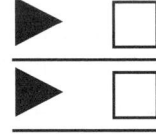

2. Aufgabe

Welche Aussagen treffen auf die medizinische Promotion zu?

1. Sie ist die Voraussetzung für die Ausübung des Arztberufes
2. Sie führt zu dem Titel „Dr. med."
3. Sie wird auf Antrag von der Ärztekammer erteilt
4. Im Anschluss an das Studium wird sie durch eine mündliche Prüfung erworben
5. Eine schriftliche Arbeit und eine mündliche Prüfung sind erforderlich

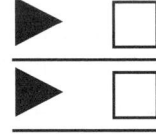

3. Aufgabe

Welche der Aussagen treffen auf die Ärztekammer zu?

A. Die Mitgliedschaft ist für Ärzte freiwillig
B. Sie hat die Belange der Kassenärzte wahrzunehmen
C. Sie ist die zuständige Stelle für die Ausbildung der Arzthelferin
D. Sie regelt die Weiterbildung der Ärzte
E. Sie ist zuständig für die Genehmigung abrechenbarer Leistungen
F. Sie regelt die Berufspflichten der Ärzte in einer Berufsordnung

Wählen Sie bitte unter folgenden Aussagekombinationen diejenige, die Sie für zutreffend halten:

1. A, C und E
2. B, D und E
3. A, C und F
4. C, D und F
5. B, E und F

4. Aufgabe

In der Praxis muss in bestimmten Fällen auf die Abtötung und/oder Entfernung aller Keime und Sporen geachtet werden.

Man erreicht dies durch:

1. Sterilisation
2. Desinfektion
3. Asepsis
4. Antisepsis
5. Entseuchung

5. Aufgabe

Welche Konzentration muss Alkohol aufweisen, der für Desinfektionszwecke Verwendung finden soll?

1. 10%
2. 15%
3. 70%
4. 90%
5. 100%

6. Aufgabe

Welche Aussage zur Sterilisation ist falsch?

1. Radioaktive Strahlung (Gammastrahlen) wird erstrangig in der Industrie zur Sterilisation eingesetzt
2. Zur Sterilisation in der Arztpraxis eignen sich Heißluftsterilisator und Autoklav
3. Große Flächen (z. B. Operationssäle) werden meist mit UV-Strahlen sterilisiert
4. Metallösen werden häufig durch Ausglühen sterilisiert
5. Gassterilisation findet in Krankenhäusern Verwendung

7. Aufgabe

Was versteht man unter einem Hygieneplan?

1. Behandlungsplan für bettlägerige Patienten
2. Plan, der die Durchführung von Hygienemaßnahmen in der Praxis festlegt
3. Plan, der behördliche Maßnahmen bei Seuchen festlegt
4. Verhaltensanweisungen für Patienten mit Parasiten und ansteckenden Krankheiten
5. Patientenbetreuung unter hygienischen Gesichtspunkten

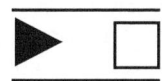

8. Aufgabe

Welche Aussage trifft nicht zu?

1. Berufliche Schutzbekleidung und Privatbekleidung sollen getrennt aufbewahrt werden
2. Sozialräume dürfen mit Schutzbekleidung nicht betreten werden
3. Große Flächen (Fußböden) werden im Sprühverfahren desinfiziert
4. Durch Beigabe nicht vorgesehener Mittel zu Desinfektionslösungen kann deren Wirksamkeit beeinflusst werden
5. Beim Einsatz von Desinfektionsmitteln muss deren Einwirkdauer beachtet werden

9. Aufgabe

In einem Autoklaven sollen Instrumente sterilisiert werden. Wie hoch müssen die Temperatur und dementsprechend der Druck im Autoklaven sein, wenn in einer Sterilisierdauer von 6 Minuten Sterilität erreicht werden soll? (1 Bar = 10^5 Pascal = 1 Atmosphäre)

1. 124 Grad, 1 Bar Überdruck
2. 124 Grad, 2 Bar Überdruck
3. 136 Grad, 1 Bar Überdruck
4. 136 Grad, 2 Bar Überdruck
5. 182 Grad, 2 Bar Überdruck

10. Aufgabe

Die Zeit zwischen Ansteckung und ersten Krankheitszeichen einer Infektionskrankheit nennt man

1. Prodromalstadium
2. Inkubationszeit
3. Immunität
4. Infektiosität
5. Pathogenität

11. Aufgabe

Welche Chromosomenzusammensetzung hat eine männliche menschliche Körperzelle (z. B. Leberzelle)?

1. 22 Chromosomen und je ein x- und y-Chromosom
2. 22 Chromosomenpaare und je ein x- und y-Chromosom
3. 22 Chromosomenpaare und zwei x-Chromosomen
4. 23 Chromosomenpaare und je ein x- und y-Chromosom
5. 23 Chromosomenpaare und zwei x-Chromosomen

Prüfungsübungssatz

12. Aufgabe

Zu welcher Gewebeart rechnen Sie die Schleimhaut des Magens?

1. Bindegewebe
2. Muskelgewebe
3. Epithelgewebe
4. Nervengewebe

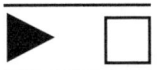

---

13. Aufgabe

Eine Pulsfrequenz von 40/Min. bezeichnet man bei Erwachsenen als

1. Normal
2. Arrhythmie
3. Bradykardie
4. Tachyarrhythmie
5. Tachykardie
6. Extrasystolie

---

14. Aufgabe

Bei einer Lungenembolie gelangt häufig ein Thrombus aus einer Bein- oder Beckenvene in die Lunge. Geben Sie an, durch welche Herz-Kreislauf-Abschnitte das Blutgerinnsel der Reihe nach wandert!

1. Beinvene, untere Hohlvene, linker Vorhof, linke Kammer, Lungenvene
2. Beinvene, Aorta, rechter Vorhof, rechte Kammer, Lungenarterie
3. Beinvene, Beckenvene, untere Hohlvene, obere Hohlvene, rechte Kammer, rechter Vorhof, Lungenarterie
4. Beinvene, Beckenvene, untere Hohlvene, rechter Vorhof, rechte Kammer, Lungenarterie

---

15. Aufgabe

Während der Systole sind folgende Herzklappen geschlossen bzw. geöffnet?

1. Mitralklappe und Trikuspidalklappe geschlossen, Aorten- und Pulmonalklappe geöffnet
2. Mitralklappe und Trikuspidalklappe geöffnet; Aorten- und Pulmonalklappe geschlossen
3. Mitralklappe und Aortenklappe geöffnet; Trikuspidal- und Pulmonalklappe geschlossen
4. Mitralklappe und Pulmonalklappe geöffnet; Trikuspidal- und Aortenklappe geschlossen
5. Keine Antwortmöglichkeit ist richtig

---

16. Aufgabe

In welchen der Blutgefäße fließt sauerstoffarmes Blut?

1. Lungenvene
2. Aorta
3. Herzkranzarterie
4. Hohlvene
5. Lungenarterie

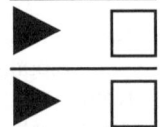

17. Aufgabe

Welche Aussagen treffen zu?

Die Herzkranzarterien
A. versorgen den Herzmuskel mit Blut
B. entspringen aus der Aorta
C. entspringen aus der linken Herzkammer
D. entspringen aus der rechten Herzvorkammer
E. enthalten nährstoffreiches Blut
F. enthalten sauerstoffreiches Blut

Richtig ist die Antwort:

1. A, B, D
2. B, C, D
3. C, D, E
4. A, B, E, F
5. A, B, D, F
6. B, D, E, F

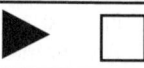

18. Aufgabe

Wodurch unterscheidet sich Blutplasma von Blutserum?

1. Durch den Fettgehalt
2. Durch die Konzentration an Erythrozyten
3. Durch den Gehalt an Kohlehydraten
4. Durch die Natriumkonzentration
5. Durch den Chloridgehalt
6. Durch den Fibrinogengehalt

19. Aufgabe

Welche Aussage über Erythrozyten ist richtig?

1. Erythrozyten sind die weißen Blutkörperchen
2. Erythrozyten haben einen gut anfärbbaren Kern
3. Es gibt etwa 5 000 000 Erythrozyten im mm³ (T/l) Blut
4. Erythrozyten enthalten rote Granula
5. Erythrozyten sind die größten Zellen des menschlichen Körpers
6. Erythrozyten können Bakterien phagozytieren

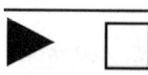

20. Aufgabe

Wo werden die Granulozyten beim Erwachsenen gebildet?

1. In der Milz
2. In der Leber
3. In den Lymphknoten
4. In der Markhöhle der Röhrenknochen
5. Im roten Knochenmark der kurzen und platten Knochen

21. Aufgabe

Welcher Zusatz verhindert eine Gerinnung im Vollblut nach der Blutentnahme?

1. Natriumchlorid
2. Veronalpuffer
3. Natriumcitrat
4. Aqua destillata
5. Essigsäure

Prüfungsübungssatz

22. Aufgabe

In welchen Abschnitt des Verdauungskanals mündet der Gallengang?

1. Magen
2. Duodenum
3. Jejunum
4. Ilieum
5. Colon

23. Aufgabe

Unter Resorption versteht man

1. die Produktion von Sekreten
2. die Verarbeitung von Reizen
3. die Bewegung von Zellen
4. die Ausscheidung von Abfallstoffen
5. die Aufnahme von Stoffen

24. Aufgabe

Welches Organ trennt den Brustraum vom Bauchraum?

1. Das Bauchfell
2. Das Zwerchfell
3. Das Rippenfell
4. Das Trommelfell
5. Das Lungenfell
6. Das Mittelfell

25. Aufgrabe

Wo findet der Sauerstoff-Kohlendioxid-Austausch statt?

1. In den Bronchien
2. In der Luftröhre
3. In der Wand der Lungenbläschen
4. Zwischen Lungen- und Rippenfell
5. Zwischen Lunge und Zwerchfell
6. Zwischen Kehlkopf und Luftröhre

26. Aufgabe

Welche Feststellung trifft für die Ausatmung zu?

1. Brustkorb weitet sich, Hebung des Zwerchfelles
2. Brustkorb weitet sich, Senkung des Zwerchfelles
3. Brustkorb weitet sich, Zwerchfell hebt sich teilweise
4. Brustkorb verengt sich, Hebung des Zwerchfelles
5. Brustkorb verengt sich, Senkung des Zwerchfelles

27. Aufgabe

Zu den Nebenhöhlen der Nase gehören:

A. Stirnhöhle
B. Paukenhöhle
C. Augenhöhle
D. Keilbeinhöhle
E. Siebbeinzellen

Wählen Sie bitte unter folgenden Aussagekombinationen die richtige!

1. A, B und D
2. A, D und E
3. A, C und E
4. A, B und E
5. Alle Aussagen sind richtig

28. Aufgabe

Welche Nerven sind verantwortlich für die Funktionsabläufe im Magen-Darm-Trakt?

1. Die Hirnnerven
2. Die Rückenmarknerven
3. Die motorischen Spinalnerven
4. Die sensiblen Spinalnerven
5. Die vegetativen Nerven
6. Die übergeordneten Zentren im Fronthirn

▶ ☐

---

29. Aufgabe

Der Endharn wird gebildet in

1. Nierenkapsel
2. Glomeruli
3. Nierenkanälchen
4. Nierenkelchen
5. Nierenbecken
6. Nebennieren

▶ ☐

---

30. Aufgabe

Wie heißt das Hormon aus dem Nebennierenmark?

1. Insulin
2. Thyroxin
3. Ptyalin
4. Adrenalin
5. Cortison
6. Testosteron

▶ ☐

---

31. Aufgabe

Ordnen Sie zu, indem Sie die Kennziffern von 3 der insgesamt 7 endokrinen Drüsen in die entsprechenden Kästchen bei den Hormonen eintragen!

endokrine Drüsen

1. Hypotalamus
2. Inselzellen
3. Nebennierenmark
4. Nebennierenrinde
5. Schilddrüse
6. Hypophyse
7. Nebenschilddrüse

Hormone

TSH ☐

Calcitonin ☐

Glucocorticoide ☐

---

32. Aufgabe

Welche Ziffer der Abbildung bezeichnet

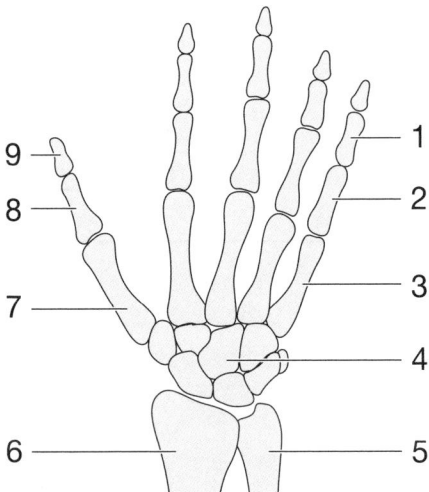

das Daumengrundglied	
die Handwurzelknochen	

33. Aufgabe

An welchen Gelenken ist der Radius beteiligt?

1. Am Schultergelenk
2. Am Ellbogengelenk
3. Am Handgelenk
4. Am Daumengrundgelenk
5. Am Kniegelenk
6. Am oberen Sprunggelenk

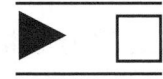

34. Aufgabe

Welche vier Knochen treffen sich im Kniegelenk?

1. Humerus, Fibula, Patella, Tibia
2. Fernur, Clavius, Radius, Tibia
3. Fibula, Humerus, Patella, Ulna
4. Costa, Fernur, Tibia, Patella
5. Femur, Fibula, Patella, Tibia
6. Patella, Tibia, Ulna, Malleolus

35. Aufgabe

Wie viele Halswirbel hat der Mensch?

1. 5
2. 7
3. 8
4. 12
5. 14

36. Aufgabe

Welches ist der richtige Weg der Schallwellen vom Gehörgang bis zur Schnecke?

1. Trommelfell, Amboß, Hammer, Steigbügel
2. Paukenhöhle, Trommelfell, Hörnerv
3. Trommelfell, Paukenhöhle, Bogengänge
4. Trommelfell, Hammer, Amboß, Steigbügel, ovales Fenster
5. Mittelohr, Trommelfell, Bogengänge

37. Aufgabe

Was versteht man unter Akkommodation des Auges?

1. Die Anpassungsfähigkeit des Auges an Nah- und Fernsehen
2. Die Anpassungsfähigkeit des Auges an Sehen in der Dämmerung
3. Die Farbunterscheidungsfähigkeit des Auges
4. Die Fähigkeit der Pupille, sich zu verengen
5. Die Fähigkeit des räumlichen Sehens
6. Den reflexartigen Lidschluss bei Einwirkungen auf das Auge

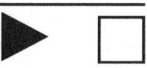

38. Aufgabe

Welche Organe liegen im Hodensack?

1. Penis
2. Hoden und Nebenhoden
3. Nebenhoden und Prostata
4. Samenbläschen und Prostata
5. Harnblase
6. Nebenhoden und Harnleiter

39. Aufgabe

Wann findet der Follikelsprung statt?

1. Zu Beginn der Periodenblutung
2. Während der Schwangerschaft
3. In der Mitte zwischen zwei Periodenblutungen
4. Nach der Empfängnis
5. Bei der Geburt
6. Am Ende der Periodenblutung

40. Aufgabe

Zu den Adnexen gehören:

1. Vagina und Uterus
2. Uterus und Tuben
3. Ovarien und Vagina
4. Tuben und Ovarien
5. Vulva und Bartholinische Drüsen
6. Urethra und Vagina

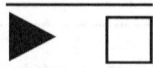

5.2 Sozialkunde und Rechnungswesen

41. Aufgabe

Für welche Sozialversicherung zahlt der Arbeitgeber die Beiträge allein?

1. Krankenversicherung
2. Unfallversicherung
3. Knappschaftsversicherung
4. Arbeitslosenversicherung
5. Rentenversicherung für Arbeiter
6. Rentenversicherung für Angestellte

42. Aufgabe

Welcher Versicherungsbeitrag wird einer Helferin automatisch vom Gehalt abgezogen?

1. Beitrag zur gesetzlichen Unfallversicherung
2. Beitrag zur privaten Unfallversicherung
3. Beitrag zur privaten Krankenversicherung
4. Beitrag zur Kfz-Haftpflichtversicherung
5. Beitrag zur Rentenversicherung
6. Beitrag zur Krankentagegeldversicherung

---

43. Aufgabe

Der Arzt möchte sich gegen die möglichen Folgen eines Diagnosefehlers versichern. Welche Versicherung wird er abschließen?

1. private Unfallversicherung
2. private Krankenversicherung
3. Privathaftpflichtversicherung
4. Personenversicherung
5. Berufshaftpflichtversicherung
6. Rechtsschutzversicherung

---

44. Aufgabe

Wie lange wird einer Angestellten laut Entgeltfortzahlungsgesetz bei Erkrankung 80 % ihres Gehaltes durch den Arbeitgeber weiterbezahlt?

1. 6 Tage
2. 4 Wochen
3. 6 Wochen
4. 8 Wochen
5. 4 Monate
6. für die Dauer der Krankheit

---

45. Aufgabe

Welche Leistung erbringt die gesetzliche Unfallversicherung nicht?

1. Übergangsgeld
2. Renten
3. Lohnfortzahlung
4. Sterbegeld
5. Berufshilfe
6. Heilbehandlungskosten

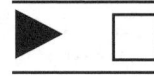

---

46. Aufgabe

Welche der folgenden Aussagen trifft für die gesetzliche Krankenversicherung zu?

1. Es werden alle Leistungen übernommen, die für die Heilung ausreichend und zweckmäßig sind
2. Für jeden Familienangehörigen ist ein zusätzlicher Beitrag zu entrichten
3. Der Leistungsumfang ist abhängig von der Beitragshöhe
4. Der Versicherte zahlt die Arzt-Rechnungen und erhält die verauslagten Beträge teilweise oder vollständig zurück
5. Bei Nichtinanspruchnahme der Versicherung gibt es eine Beitragsrückgewährung
6. Die Beiträge sind bei weiblichen Mitgliedern höher als bei Männern

47. Aufgabe

Welche der angegebenen Versicherungen ist eine Pflichtversicherung?

1. Private Krankenversicherung
2. Private Unfallversicherung
3. Rechtsschutzversicherung
4. Transportversicherung
5. Feuerversicherung
6. Hausratversicherung

48. Aufgabe

Welche Behörde zahlt das Arbeitslosengeld aus?

1. Arbeitsämter
2. Kreishandwerkerschaft
3. Industrie- und Handelskammern
4. Industrielle Arbeitgeberverbände
5. Sozialämter der Städte und Kreise
6. Amt für Arbeitsschutz

49. Aufgabe

Ordnen Sie die Leistungsträger den Zahlungen zu!

Leistungsträger

1. Ortskrankenkassen
2. Bundesversicherungsanstalt für Angestellte
3. Bundesanstalt für Arbeit

Zahlungen

Sterbegeld ☐

Krankenversicherungsbeitrag bei Arbeitslosigkeit ☐

Altersruhegeld ☐

Lehrgangskosten berufliche Fortbildung ☐

Kosten für Vorsorgeuntersuchungen ☐

50. Aufgabe

Welches Gericht ist für Streitigkeiten aus der Renten- und Unfallversicherung zuständig?

1. Arbeitsgericht
2. Verwaltungsgericht
3. Amtsgericht
4. Finanzgericht
5. Sozialgericht
6. Landgericht

5.3 Praxisorganisation

51. Aufgabe

Was bedeutet der Vermerk „Eigenhändig" auf einer eingeschriebenen Briefsendung?

1. Der Brief wurde vom Absender persönlich geschrieben und aufgegeben
2. Er darf nur von einem bestimmten Postboten übergeben werden
3. Er darf nur dem Empfänger persönlich ausgehändigt werden
4. Der Brief wird schneller befördert als andere
5. Er muss bei einem bestimmten Postamt ausgeliefert werden

Prüfungsübungssatz

52. Aufgabe

Was versteht man unter dem postalischen Begriff „Infopost"?

1. Es ist eine Zeitschriftensendung
2. Es ist eine Prospektsendung
3. Es ist eine Eilsendung
4. Es ist ein Telegramm
5. Es ist eine Massendrucksache

53. Aufgabe

Ein dringendes Angebot wird als Brief mit Eilzustellungsvermerk verschickt.

Wieso erhoffen Sie, dass dieser Brief schneller beim Empfänger eintrifft als ein gewöhnlicher Brief?

1. Weil er mit einem ICE befördert wird
2. Weil er sofort zur Bahn gebracht und so am nächsten Tag mit der Morgenpost ausgetragen wird
3. Weil die Beförderung zur Bahn und das Austragen am Bestimmungsort durch Eilboten erfolgt
4. Er wird nicht schneller als die übrige Post befördert, nur am Bestimmungsort wird er sofort ausgetragen
5. Er wird im Gegensatz zur übrigen Post auf großen Strecken mit Flugzeugen befördert und am Bestimmungsort sofort ausgetragen

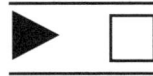

54. Aufgabe

Ein Paket wird bei der Post als Schnellsendung aufgegeben. Nach den Vorschriften ist es „freizumachen"

Welche Aussage ist richtig?

1. Absender muss Paketentgelt, Schnellsendungsentgelt und Zustellentgelt zahlen
2. Empfänger muss Paketentgelt, Schnellsendungsentgelt und Zustellentgelt zahlen
3. Absender muss Paketentgelt und Schnellsendungsentgelt zahlen
4. Empfänger muss Schnellsendungsentgelt und Zustellentgelt zahlen
5. Empfänger muss Paketentgelt und Zustellentgelt zahlen
6. Empfänger muss kein Entgelt zahlen

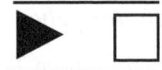

55. Aufgabe

Was versteht man unter der Anwendersoftware einer Arztpraxis?

1. Alle technischen Teile der EDV-Ausstattung dieser Praxis
2. Alle Datenträger der Praxis, die maschinell gelesen werden können
3. Die für Weiterverarbeitungszwecke gespeicherten Daten
4. Alle Programme zur Bearbeitung anwendungsspezifischer Aufgaben
5. Die in dieser Arztpraxis verwendete Programmiersprache

56. Aufgabe

Eine Sendung mit einem Gewicht von 1300 g soll im Inland auf unsere Kosten verschickt werden.

Welche Versendeart würden Sie wählen, wenn der Auftrag lautet, das günstigste Entgelt auszunutzen?

1. Brief
2. Warensendung
3. Postgut
4. Päckchen
5. Paket

57. Aufgabe

Wie viel Jahre müssen Krankenunterlagen generell aufbewahrt werden, wenn keine besonderen Aufbewahrungsfristen vorgeschrieben sind?

1. 3 Jahre
2. 5 Jahre
3. 10 Jahre
4. 20 Jahre
5. bis zum Tode des Patienten

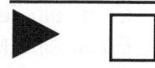

58. Aufgabe

Welches grundsätzliche Entscheidungskriterium kann für die Urlaubsplanung einer größeren Arztpraxis <u>nicht</u> von Bedeutung sein?

1. Schulpflichtige Kinder der Praxisangehörigen
2. Krankheit einzelner Mitarbeiter
3. Das kurzfristige Sonderangebot einer Reisegesellschaft an eine Mitarbeiterin
4. Jahreszeitlich bedingte hohe Erkrankungszahl bei den Patienten
5. Vermeidung von Urlaubsüberschneidungen
6. Die Anzahl der zusammenhängenden Urlaubstage soll für den Mitarbeiter eine Erholung ermöglichen

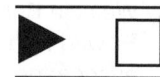

59. Aufgabe

Eine Gemeinschaftspraxis möchte in der Lage sein, in Notfällen Messdiagramme sofort weiter zu vermitteln.

Welches Gerät ist dazu geeignet?

1. Teletex
2. Telefax
3. Telex
4. Telefon
5. Homecomputer

60. Aufgabe

Unter einem Telefaxgerät versteht man:

1. einen münzlosen Fernsprechautomat
2. einen automatischen Anrufbeantworter
3. eine Computer-Fernsprechauskunft
4. einen Fernkopierer
5. eine externe Diskettenstation
6. einen automatischen Telefongebührenzähler

Prüfungsübungssatz

6 Lösungen zum Prüfungsübungssatz

Fachkunde

1.	4	11.	2	21.	3	31.	6,5,4
2.	2,5	12.	3	22.	2	32.	8,4
3.	4	13.	3	23.	5	33.	2,3
4.	1	14.	4	24.	2	34.	5
5.	3	15.	1	25.	3	35.	2
6.	3	16.	4,5	26.	4	36.	4
7.	2	17.	4	27.	2	37.	1
8.	3	18.	6	28.	5	38.	2
9.	4	19.	3	29.	3	39.	3
10.	2	20.	5	30.	4	40.	4

Sozialkunde Praxisorganisation

41.	2	51.	3
42.	5	52.	5
43.	5	53.	4
44.	3	54.	3
45.	3	55.	4
46.	1	56.	4
47.	5	57.	3
48.	1	58.	3
49.	1,3,2,3,1	59.	2
50.	5	60.	4

Stichwortverzeichnis Fachkundlicher Teil (Aufgaben 1–195)

Die Zahlen hinter den Stichwörtern beziehen sich auf die Aufgabennummer.

Mongoloismus 103
MTL 8
Myom 195

N
Nadelhalter 66
Nahtmaterial 65
Nebennierenrinde 125, 127
Nekrose 80
Nervensystem 118–128
Nervenzellen 98
Nieren 168, 170, 171
Nierenbecken 169, 174
Notfälle 15–21

O
Obstipation Oesophagus155
Östrogen 126
Ohrenspritze 56
Ohrpinzette 64
Ohrtrompete 175
Orthopädie 7
Osteom 91
Otitis 84

P
Panaritium 89
Pancreas 154
Patella 113
Pathologie 7, 69
Patientenbetreuung 10–14
Pepsin 163
Peptide 150
Fotometer 42
Pinzette, chirurgische 62
Pleuritis 152
Praxishygiene 22–39
Primärharn 170
Progesteron 190
Prognose 76
Promotion 6
Prophylaxe 75
Prostata 172, 186, 193
Prostatahypertrophie 193
Proximal 81
Pulsfrequenz 134, 135
Pupille 179
Pyelitis 174

R
Rachitis 86
Radiologie 7
Radius 111
Rectum 154, 187
Rekonvaleszenz 77
Resorption 165
Retina 179
Rezidiv 79
Rheumatologie 7
Rippen 108
Röntgenschutzkleidung 40

S
Sauerstoffaustausch 149
Scapula 110, 111
Schädelknochen 104
Schienbein 113
Schilddrüse 124
Schläfenbein 104
Schleimbeutelentzündung 117
Schleimhaut 101
Schlüsselbein 111
Schnecke 176
Schocklage 16
Schulterblatt 110, 111
Schutzbekleidung 40
Schutzbrille 45
Schwangere 10
Schweißdrüsen 181
Sekretion, innere 124, 125, 127
Sinnesorgane 175–185
Skalpell 57
Skelettmuskulatur 116
Speiche 111
Spekulum 63
Sprühverfahren 33
Sprunggelenk 113
Steißbein 107
Stethoskop 55
Sterilisation 23, 27, 28, 29, 30, 34, 35, 36
Sternum 109, 111
Struma 128
Symptom 73
Synergisten 116
Syphilis 194
Systole 133

T
Teesiebgeflechtsbrille 50
Teilgebietsbezeichnung 7
Temperatur messen 12
Therapie 74
Thrombophlebitis 137
Tibia 113
Trachea 157
Trizeps 115
Trokar58
Tuchklemme 60
Tumor 90, 91

U
Ulna 111
Ultraschalltherapie 54
Unfallchirurgie 7
Unfallverletzte 14
Unterarm 115
Unterzucker 20
Urämie 173
Ureter 169,172
Urologie 7
Uterus 187, 191

V
Vegetatives Nervensystem 119
Venen 131
Venenentzündung 137
Ventrikel 133
Verätzung 15
Verdauungsapparat 154, 167
Verdauungsdrüsen 161
Vergiftung 17
Verrenkung 117
Vitalkapazität 148
Vulva 189

W
Wadenbein 113
Watt 41
Wirbelknochen 106
Wirbelsäule 106, 107
Wundversorgung 36

Z
Zellen 94–103
Zungenfaßzange 59
Zwerchfell 154
Zwölffingerdarm 154

Stichwortverzeichnis Laborarbeiten (Aufgaben 196–251)